ZAUBERHAFTE REZEPTE

Leckeres in 30 Minuten

60 einfache Rezepte

Vorwort

Liebe Leserin, lieber Leser,

herzlich willkommen zu unserem zauberhaften und liebevoll gestalteten Rezeptbuch "Zauberhafte Sattmacher - Leckeres in 30 Minuten".

Wir freuen uns, dass du dieses Buch gewählt hast, um gesund und leicht verdaulich zu speisen. In den kommenden Seiten warten wunderbare Rezepte auf dich, die nicht nur deinen Gaumen verzaubern, sondern auch dazu beitragen können, dein Gewicht zu reduzieren.

Dieses Rezeptbuch wurde speziell für jene entwickelt, die auf der Suche nach köstlichen Gerichten sind, die sowohl schnell zubereitet als auch kohlenhydratarm sind. Dabei legen wir großen Wert auf eine ausgewogene Ernährung, die deinen Körper mit allen wichtigen Nährstoffen versorgt.

Bevor du dich jedoch in die magische Welt unserer Rezepte begibst, möchten wir dir eine detaillierte Anleitung zur Verwendung dieses Buches geben:

1. Zutatenliste und Mengenangaben: Jedes Rezept ist begleitet von einer übersichtlichen Zutatenliste, in der du alle benötigten Lebensmittel finden wirst. Zudem sind die Mengenangaben jeweils für vier Personen angegeben, damit du problemlos planen und kochen kannst.
2. Gesund und leicht verdaulich: Die Rezepte in diesem Buch wurden sorgfältig ausgewählt, um deinem Körper wichtige Nährstoffe zu liefern und gleichzeitig leicht verdaulich zu sein. Ob du Gewicht verlieren möchtest oder dich einfach gesund ernähren willst – hier wirst du fündig!
3. Zubereitung in 30 Minuten: Wir wissen, wie kostbar deine Zeit ist, besonders wenn du berufstätig oder viel beschäftigt bist. Daher haben wir darauf geachtet, dass jedes Gericht in nur 30 Minuten zubereitet werden kann. So kannst du dich schnell und unkompliziert um dein Wohlbefinden kümmern.

Wir hoffen, dass dich dieses Buch auf eine zauberhafte kulinarische Reise mitnimmt und dir dabei hilft, deine Ziele zu erreichen.

Wir wünschen dir viel Freude beim Kochen und einen guten Appetit!

Zauberhafte Grüße,
Das Autorenteam

Inhaltsverzeichnis

Suppen

Hühnersuppe mit Gemüse	9
Linsensuppe mit Gemüse	11
Mediterrane Gemüsesuppe	13
Quinoasuppe mit Gemüse	15
Rote-Linsen-Suppe mit Kurkuma	17
Zucchinisuppe mit Kichererbsen	19

Salate

Brokkoli-Rote Rüben- Salat	23
Garnelensalat mit Avokado	25
Gemischter Salat mit Garnelen	27
Gerösteter Paprikasalat mit Feta	29
Quinoasalat mit gegrilltem Gemüse	31
Gurken-Zucchini-Salat	33
Linsensalat mit Rucola und Feta	35
Mediterraner Quinoasalat	37
Mexikanischer Hühnchensalat	39
Thunfisch-Avocado-Salat	41
Quinoasalat mit Avocado	43

Hauptgerichte

Auberginenröllchen mit Ricottta	47
Brokkoli-Feta-Rührei	49
Brokkoli-Pilz-Risotto	51
Garnelen-Curry mit Kokosmilch	53
Gebratene Auberginen mit Dip	55
Gebratener Feta mit Tomaten	57
Gebratene Garnelen mit Gemüse	59
Gebratener Lachs mit Spargel	61
Gebratener Tofu mit Gemüse	63
Gegrilltes Hühnchen mit Quinoa	65
Gegrilltes Lachsfilet mit Brokkoli	67
Gemüsecurry mit Hühnchen	69
Gemüsepfanne mit Hühnchen	71
Hirse-Kürbis-Pfanne	73
Hühnchen-Gemüse-Pfanne	75
Hühnchen-Kebap mit Salat	77
Hühnchen mit Kräuter-Marinade	79
Hühnchen mit mediterranem Gemüse	81
Hühnchen mit Ratatoullie	83
Hühnerspieß mit Gemüse	85
Lachsfilet mit gedünstetem Spinat	87
Lachs-Gemüse-Päckchen	89
Linsencurry mit Kokosmilch	91
Mediterraner Gemüse-Ei-Auflauf	93

Ofengemüse mit Hähnchenbrust	95
Paprika-Bohnen-Eintopf	97
Pute mit Curry und Quinoa	99
Quinoa-Gemüsepfanne	101
Quinoa-Fritatta mit Gemüse	103
Quinoa mit Hühnchen und Avocado	105
Rotes-Linsen-Curry mit Karfiol	107
Rührei mit Spinat und Champignons	109
Spinat-Feta-Omlett	111
Thunfischsteak mit Avokado	113
Zitronen-Hühnchen mit Spargel	115
Zucchini-Nudeln mit Hühnchen	117
Zucchini-Nudeln mit Pesto	119

Süßes

Avocado-Schokoladen-Mousse	123
Apfel-Zimt-Porridge	125
Bananen-Schokoladen-Nicecream	127
Beeren-Vanille-Nicecream	129
Erdbeer-Joghurt Smoothie	131
Joghurt mit gerösteten Nüssen und Beeren	133
Mango-Chia-Pudding	135

Suppen

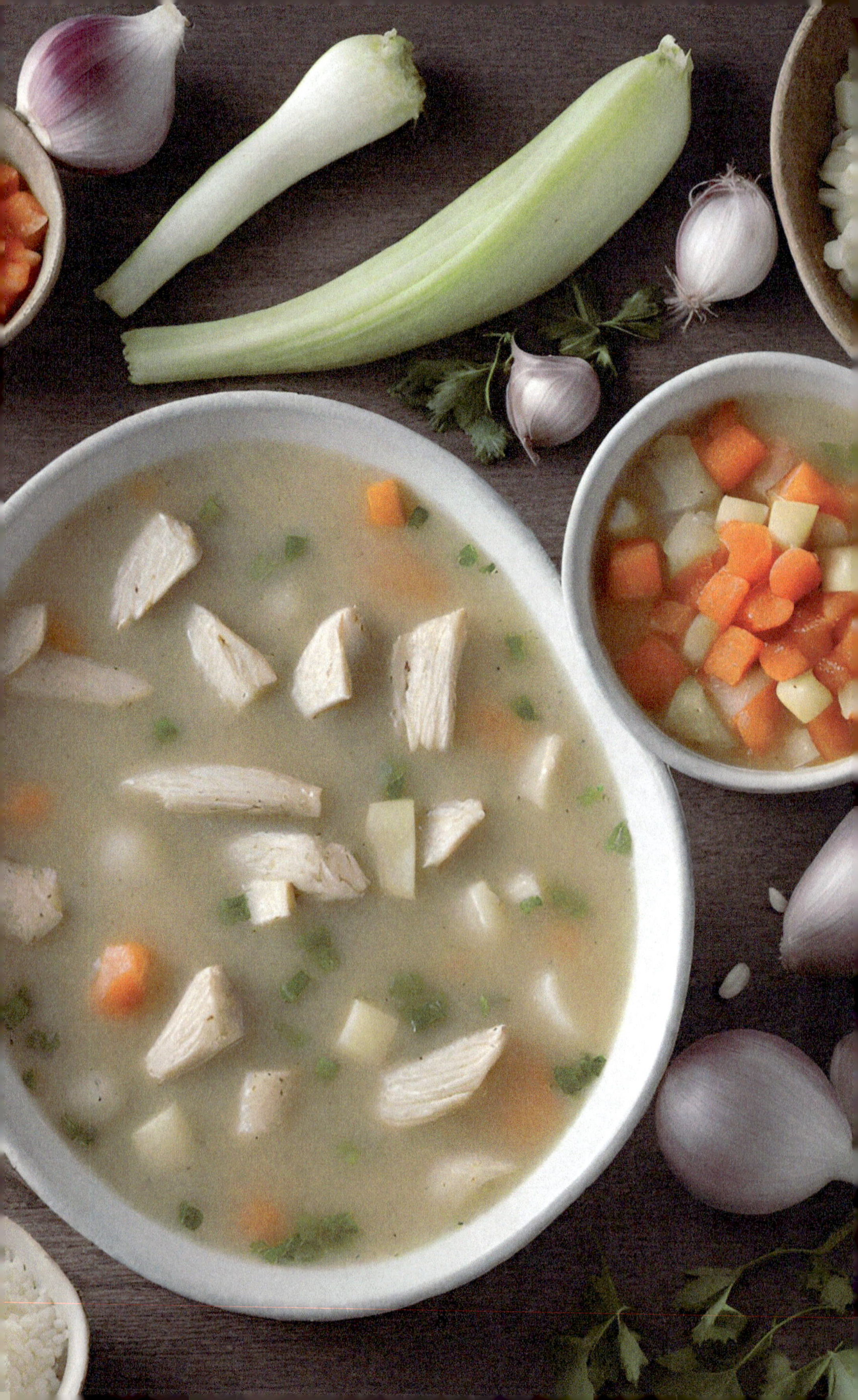

Hühnersuppe mit Gemüse

Zutaten

4 Hühnerbrustfilets
1 Zwiebel, gehackt
2 Karotten, gewürfelt
2 Selleriestangen, gewürfelt
1 Knoblauchzehe, gehackt
4 Tassen Hühnerbrühe
Salz und Pfeffer

Zubereitung

Die Hühnerbrustfilets in der Hühnerbrühe kochen, dann herausnehmen und in mundgerechte Stücke schneiden.
Das restliche Gemüse in einem Topf mit etwas Olivenöl anbraten.
Die Hühnerbrühe hinzufügen, die Hühnerstücke wieder einlegen und ca. 15 Minuten köcheln lassen.
Mit Salz und Pfeffer abschmecken.

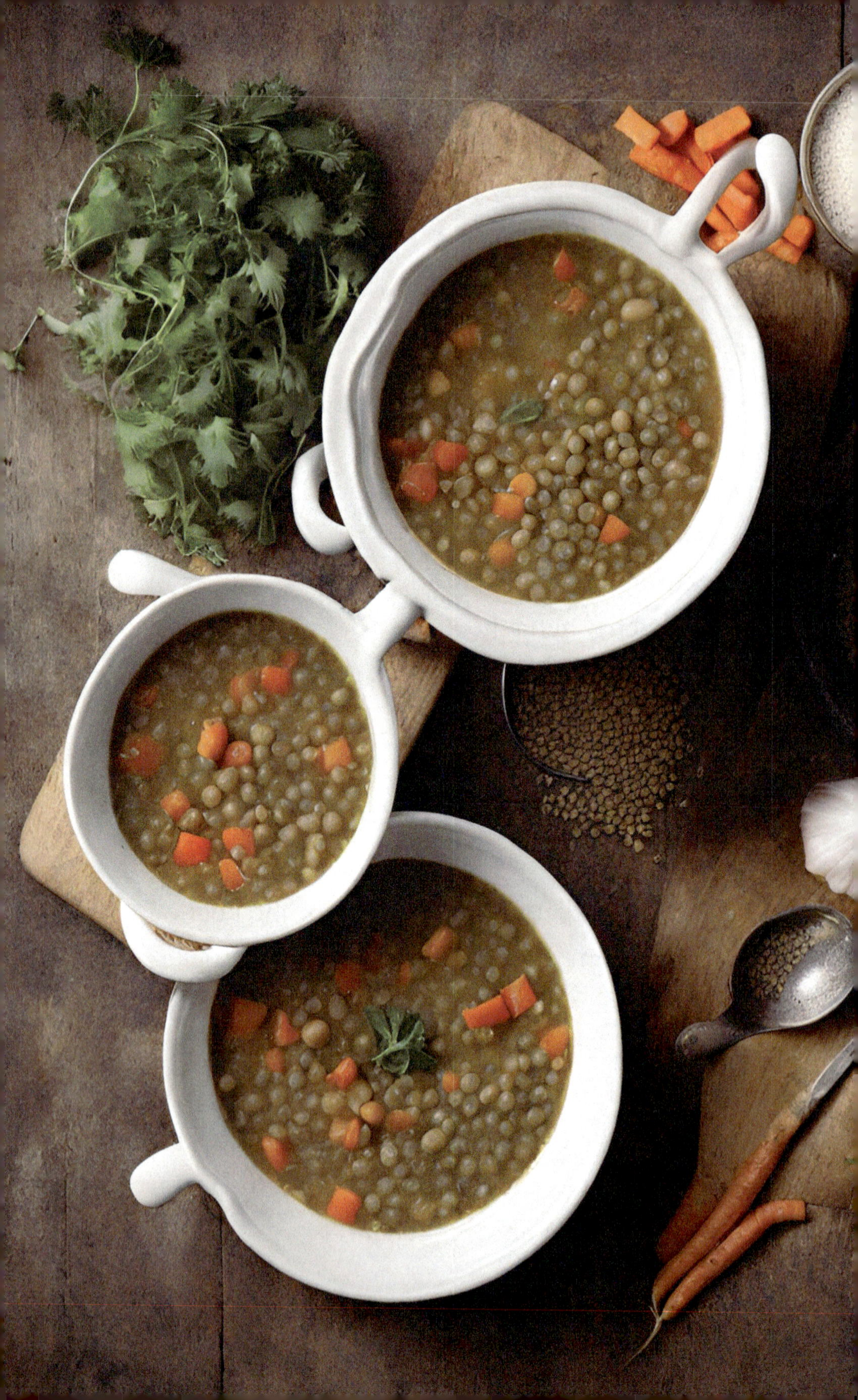

Linsensuppe mit Gemüse

Zutaten

2 Tassen grüne oder braune Linsen
1 Zwiebel, gehackt
2 Karotten, gewürfelt
2 Selleriestangen, gewürfelt
1 Knoblauchzehe, gehackt
4 Tassen Gemüsebrühe
Salz und Pfeffer

Zubereitung

Die Linsen nach Packungsanweisung kochen.
Das Gemüse in einem Topf mit etwas Olivenöl anbraten.
Die Linsen und die Gemüsebrühe hinzufügen und ca. 15 Minuten köcheln lassen.
Mit Salz und Pfeffer abschmecken.

12

Mediterrane Gemüsesuppe

Zutaten

2 Zucchini, gewürfelt
2 Karotten, gewürfelt
1 rote Paprika, gewürfelt
1 gelbe Paprika, gewürfelt
1 Zwiebel, gehackt
2 Knoblauchzehen, gehackt
400 g gehackte Tomaten
1 l Gemüsebrühe
1 TL Oregano
1 TL Thymian
Salz und Pfeffer nach Geschmack

Zubereitung

Das Gemüse, die Zwiebel und den Knoblauch in einem großen Topf anbraten.
Gehackte Tomaten und Gemüsebrühe hinzufügen und zum Kochen bringen.
Mit Oregano, Thymian, Salz und Pfeffer würzen.
Bei mittlerer Hitze 15-20 Minuten köcheln lassen.

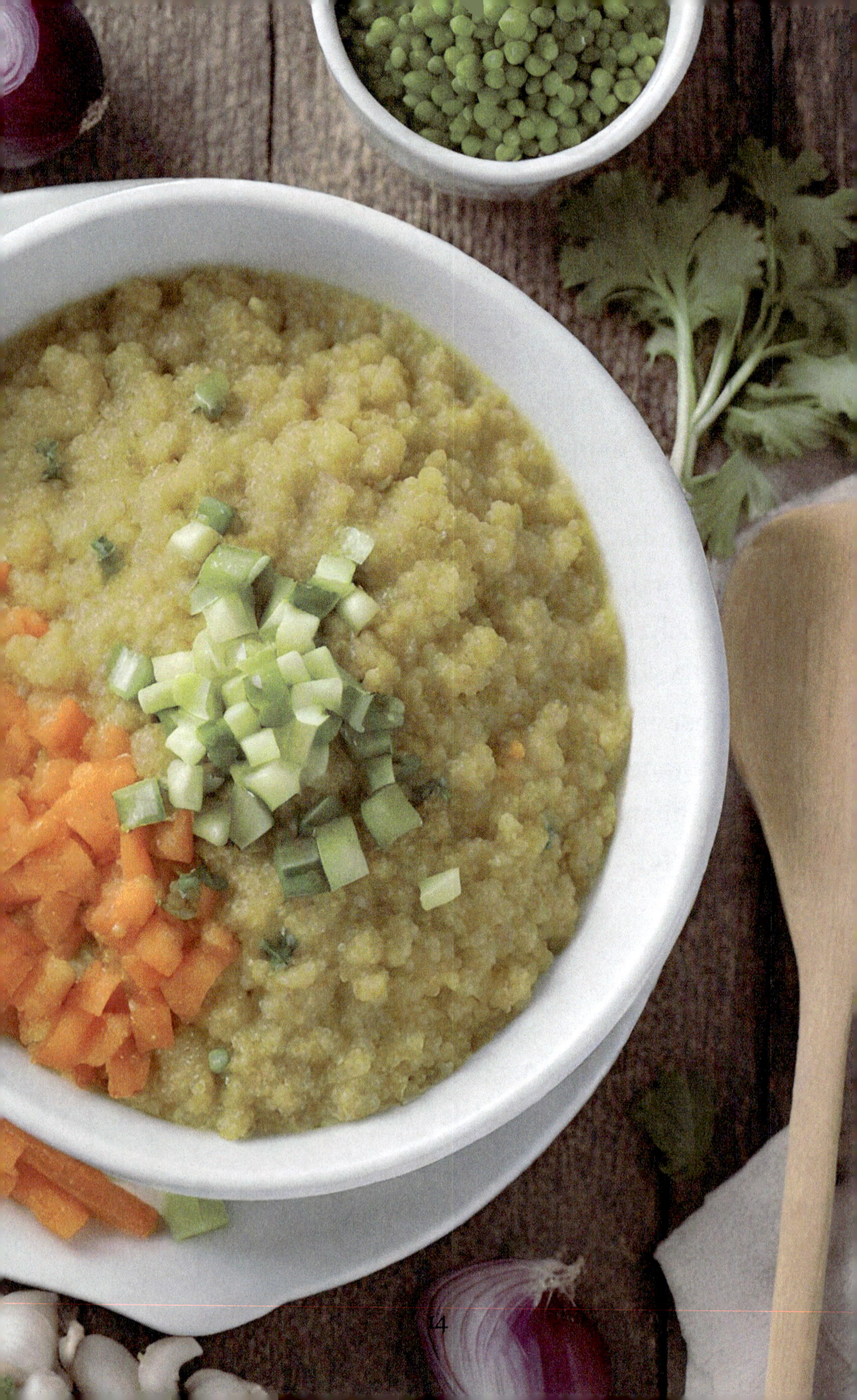

Quinoasuppe mit Gemüse

Zutaten

200 g Quinoa
2 Karotten, gewürfelt
2 Selleriestangen, gewürfelt
1 Zwiebel, gehackt
2 Knoblauchzehen, gehackt
1 l Gemüsebrühe
1 TL Kreuzkümmel
1 TL Kurkuma
Salz und Pfeffer nach Geschmack

Zubereitung

Quinoa nach Packungsanleitung kochen.
Karotten, Sellerie, Zwiebel und Knoblauch in einem großen Topf mit Olivenöl anbraten.
Gemüsebrühe, gekochten Quinoa und Gewürze hinzufügen.
Alles zum Kochen bringen und dann auf niedrige Hitze reduzieren und 15-20 Minuten köcheln lassen.

16

Rote Linsen-Suppe mit Kurkuma

Zutaten

1 Tasse rote Linsen
1 Zwiebel, gehackt
2 Knoblauchzehen, gehackt
2 Karotten, gewürfelt
1 Tomate, gewürfelt
1 TL gemahlener Kurkuma
1 TL gemahlener Kreuzkümmel
4 Tassen Gemüsebrühe
Saft einer Zitrone, Salz, Pfeffer

Zubereitung

Zwiebel, Knoblauch, Karotten und Tomaten in einem Topf mit etwas Olivenöl anbraten.
Kurkuma, Kreuzkümmel hinzufügen, kurz anrösten und dann die Linsen und Gemüsebrühe hinzufügen.
Zum Kochen bringen, dann bei schwacher Hitze köcheln lassen, bis die Linsen weich sind (ca. 20 Minuten).
Mit Zitronensaft, Salz und Pfeffer abschmecken.

18

Zuchinisuppe mit Kichererbsen

Zutaten

2 Zucchini, gewürfelt
1 Zwiebel, gehackt
2 Knoblauchzehen, gehackt
4 Tassen Gemüsebrühe
1 Dose Kichererbsen, abgespült und abgetropft
Salz und Pfeffer

Zubereitung

Die Zucchini, Zwiebel und Knoblauch in einem Topf mit etwas Olivenöl anbraten.
Die Gemüsebrühe hinzufügen und ca. 15 Minuten köcheln lassen.
Die Kichererbsen hinzufügen und weitere 5 Minuten köcheln lassen.
Mit Salz und Pfeffer abschmecken.

Salate

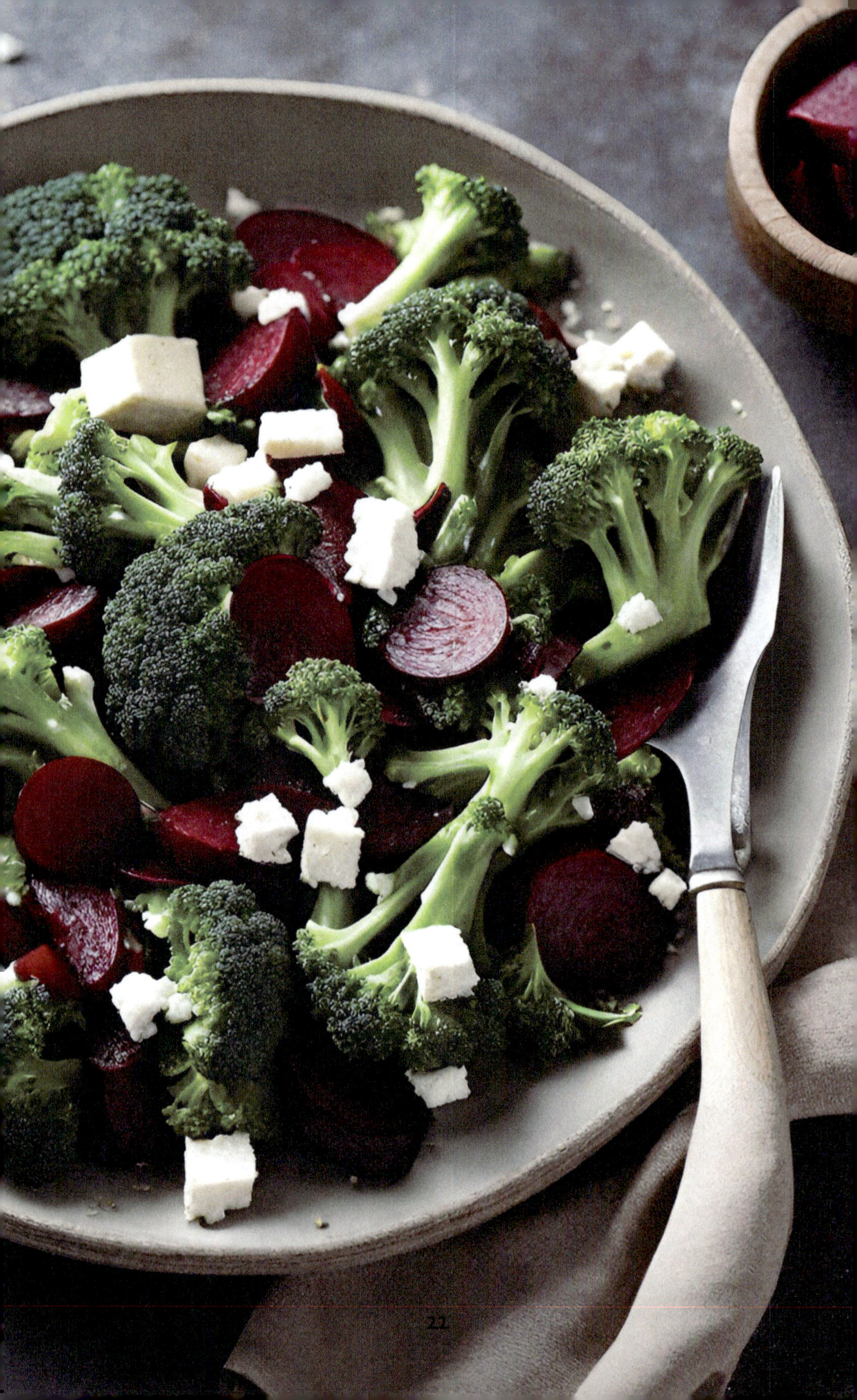

Brokkoli-Rote Rüben-Salat

Zutaten

1 Brokkoli
2 Rote Beten, gekocht und in Scheiben geschnitten
50g Feta-Käse, gewürfelt
2 EL Olivenöl
Saft einer Zitrone
Salz und Pfeffer nach Geschmack

Zubereitung

Brokkoli in Röschen schneiden und in kochendem Salzwasser 3 Minuten blanchieren.
Abgießen und abkühlen lassen.
Brokkoli, Rote Beten und Feta-Käse in eine Schüssel geben.
Olivenöl, Zitronensaft, Salz und Pfeffer vermischen und über den Salat geben.

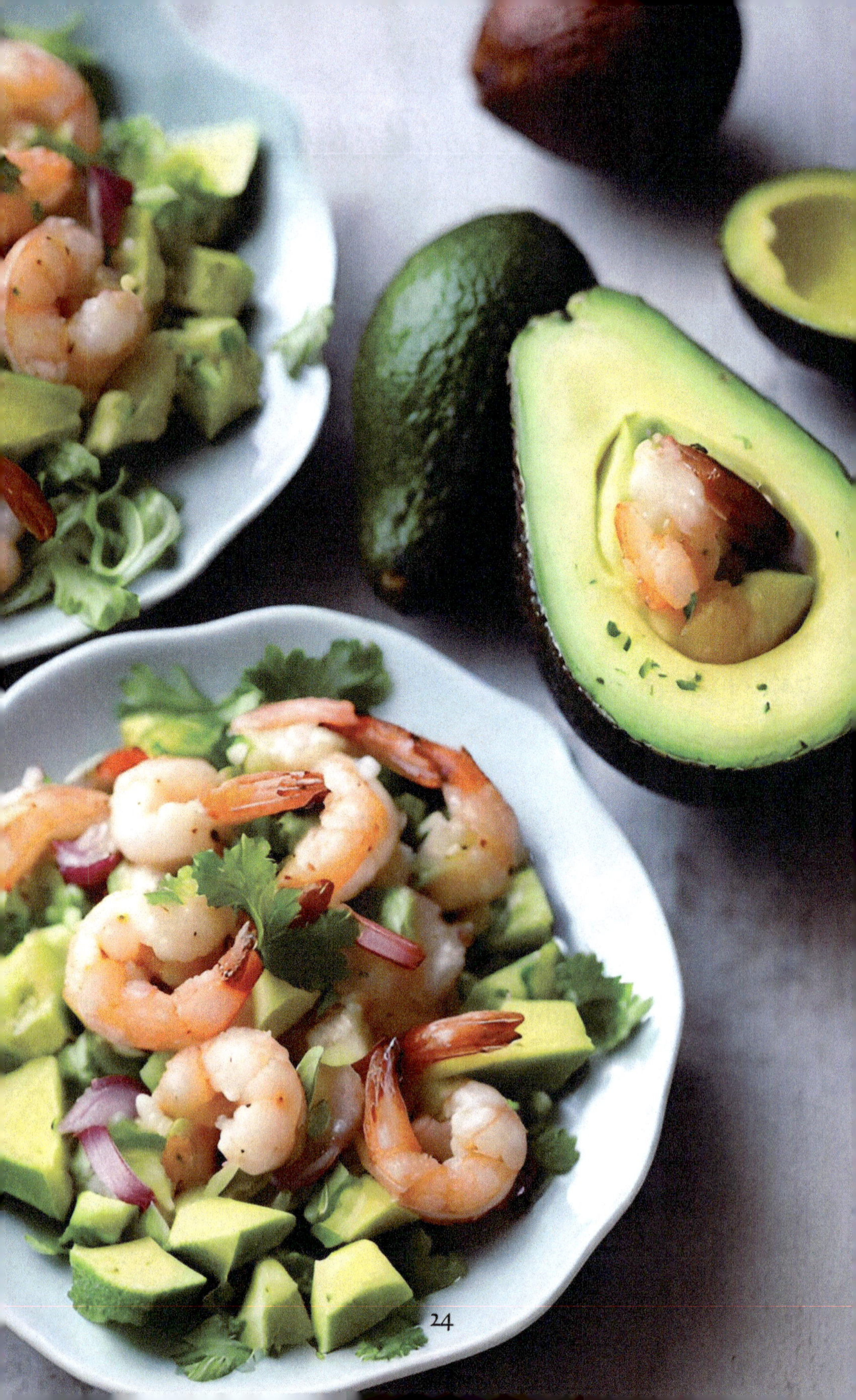

Garnelensalat mit Avocado

Zutaten

400 g Garnelen, geschält und entdarmt
2 Avocados, gewürfelt
1 rote Zwiebel, gehackt
Saft von 1 Limette
2 EL Olivenöl
2 TL Paprikapulver
Salz und Pfeffer

Zubereitung

Die Garnelen mit Paprikapulver, Salz und Pfeffer würzen und in einer Pfanne mit Olivenöl ca. 3 Minuten pro Seite anbraten.
Die Avocadowürfel und den Zwiebel mit Limettensaft, Olivenöl, Salz und Pfeffer verrühren.
Die gebratenen Garnelen auf einem Bett aus Avocado servieren.

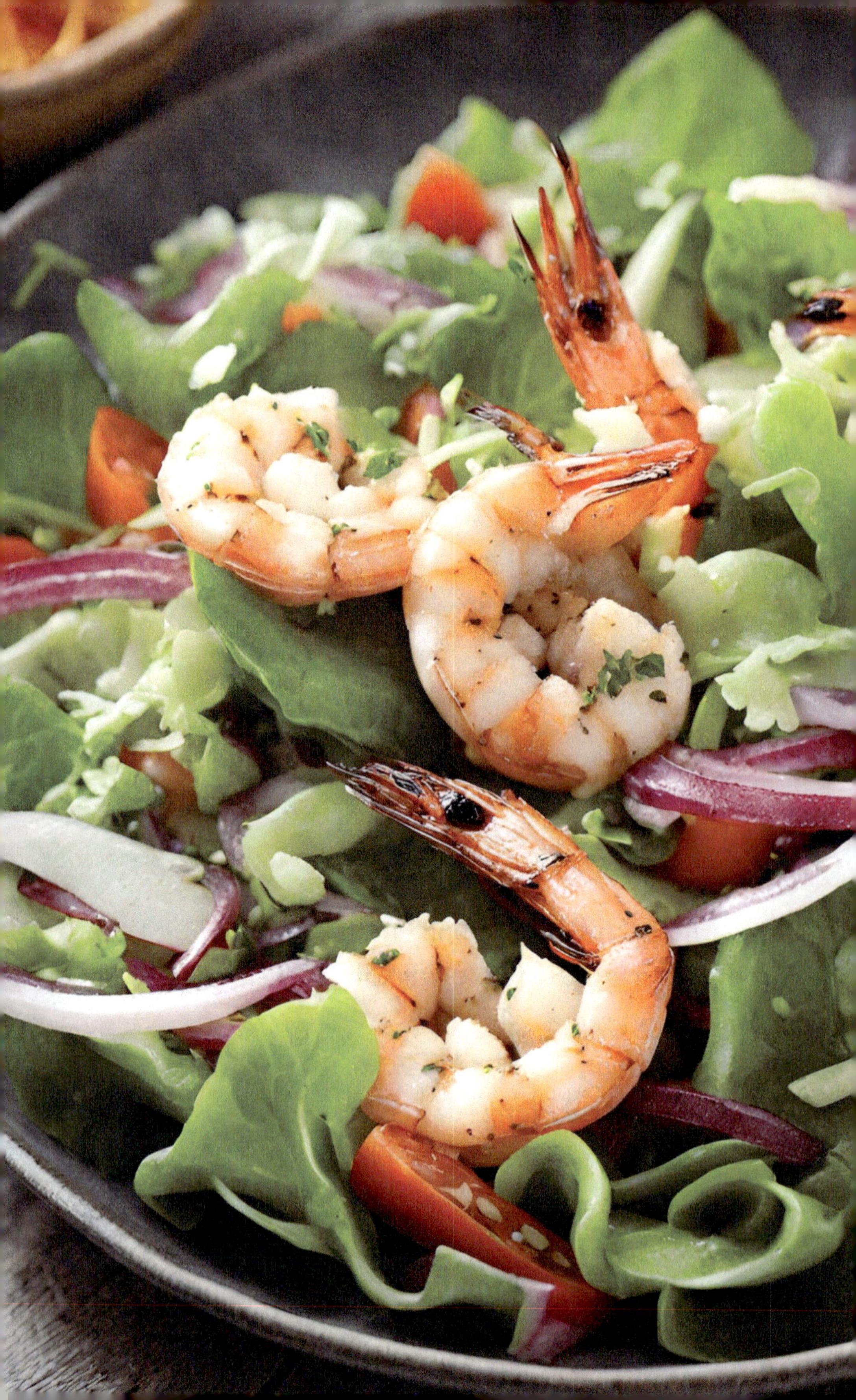

Gemischter Salat mit Garnelen

Zutaten

500 g Garnelen, geschält und entdarmt
200 g gemischter grüner Salat
1 rote Zwiebel, in dünne Streifen geschnitten
1 Paprika, in dünne Streifen geschnitten
1 Karotte, in dünne Streifen geschnitten
Saft von 1 Zitrone
2 EL Olivenöl
Salz und Pfeffer nach Geschmack

Zubereitung

Eine Grillpfanne erhitzen und die Garnelen darin 2-3 Minuten auf jeder Seite grillen.
In einer großen Schüssel den gemischten grünen Salat, Zwiebel, Paprika und Karotte vermischen.
Zitronensaft, Olivenöl, Salz und Pfeffer vermischen und über den Salat gießen.
Den Salat gut vermengen und die gegrillten Garnelen darauf anrichten.

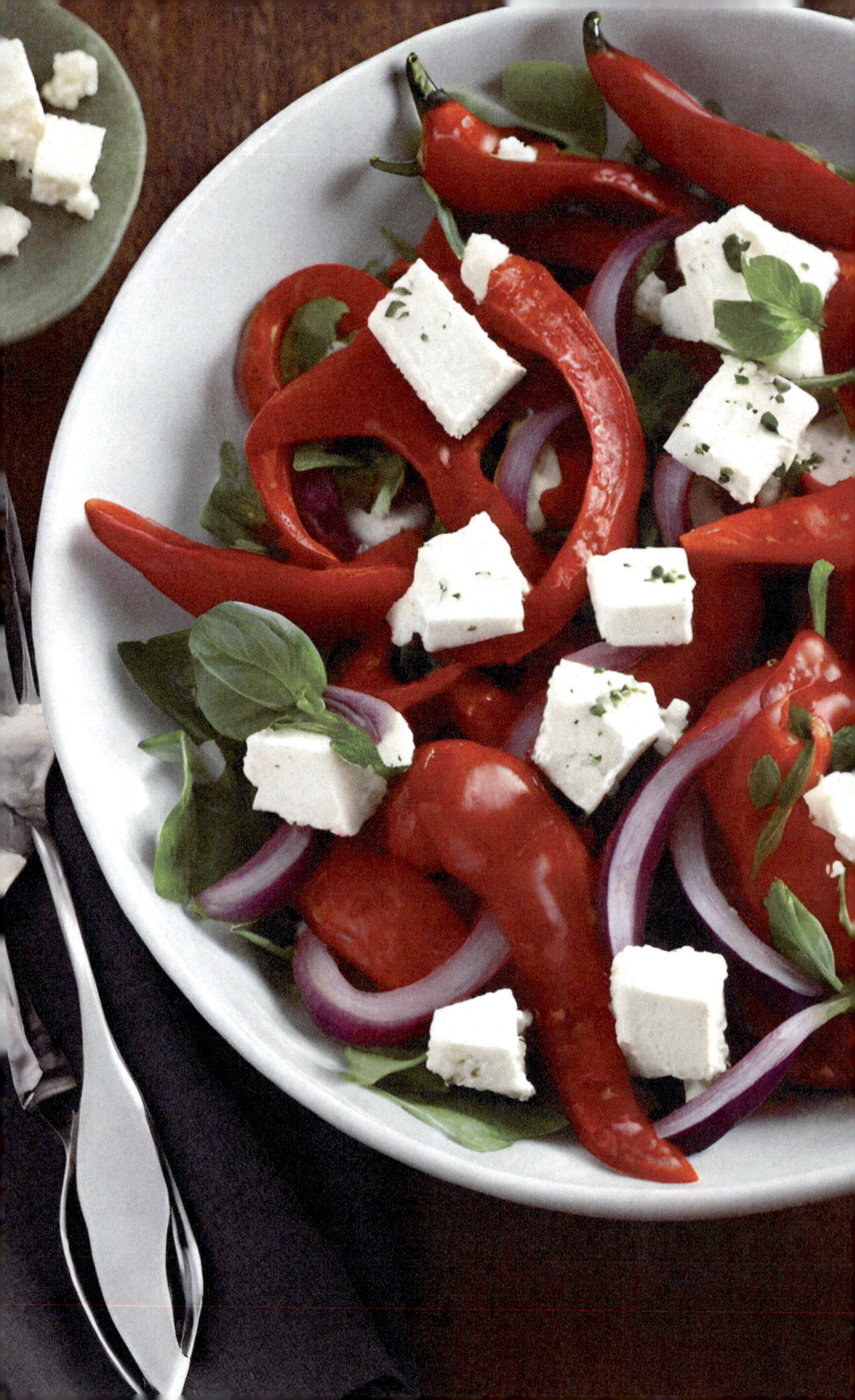

Gerösteter Paprikasalat mit Feta

Zutaten

4 rote Paprika
1 Zwiebel, in Ringe geschnitten
200 g Feta-Käse, gewürfelt
Olivenöl
Zitronensaft
Salz und Pfeffer

Zubereitung

Die Paprika halbieren, entkernen und mit der Hautseite nach oben auf ein Backblech legen.
Unter dem Grill ca. 10 Minuten rösten, bis die Haut Blasen wirft.
Die Paprika aus dem Ofen nehmen, abkühlen lassen und dann die Haut abziehen.
Die Paprikastücke mit Zwiebeln, Feta-Käse, Olivenöl und Zitronensaft vermischen.
Mit Salz und Pfeffer abschmecken.

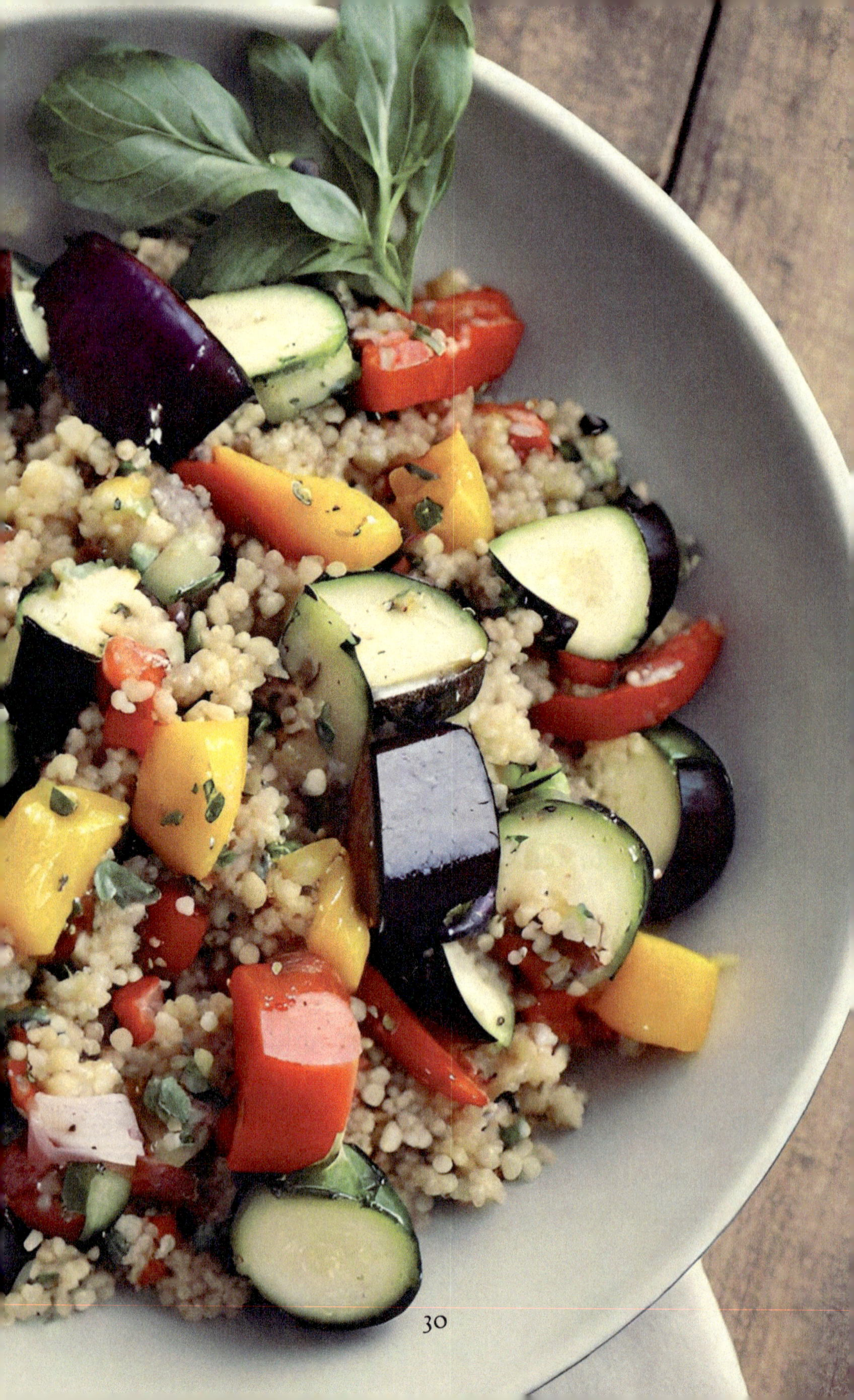

Quinoasalat mit gegrilltem Gemüse

Zutaten

2 Tassen Quinoa
1 rote Paprika, in Streifen geschnitten
1 gelbe Paprika, in Streifen geschnitten
1 Zucchini, in Scheiben geschnitten
1 Aubergine, in Scheiben geschnitten
4 EL Olivenöl
2 EL Balsamico-Essig
Salz und Pfeffer

Zubereitung

Den Quinoa nach Packungsanweisung kochen.
Das Gemüse mit Olivenöl, Salz und Pfeffer marinieren und auf dem Grill von beiden Seiten ca. 5 Minuten grillen.
Den gekochten Quinoa und das gegrillte Gemüse vermischen, mit Balsamico-Essig, Salz und Pfeffer abschmecken.

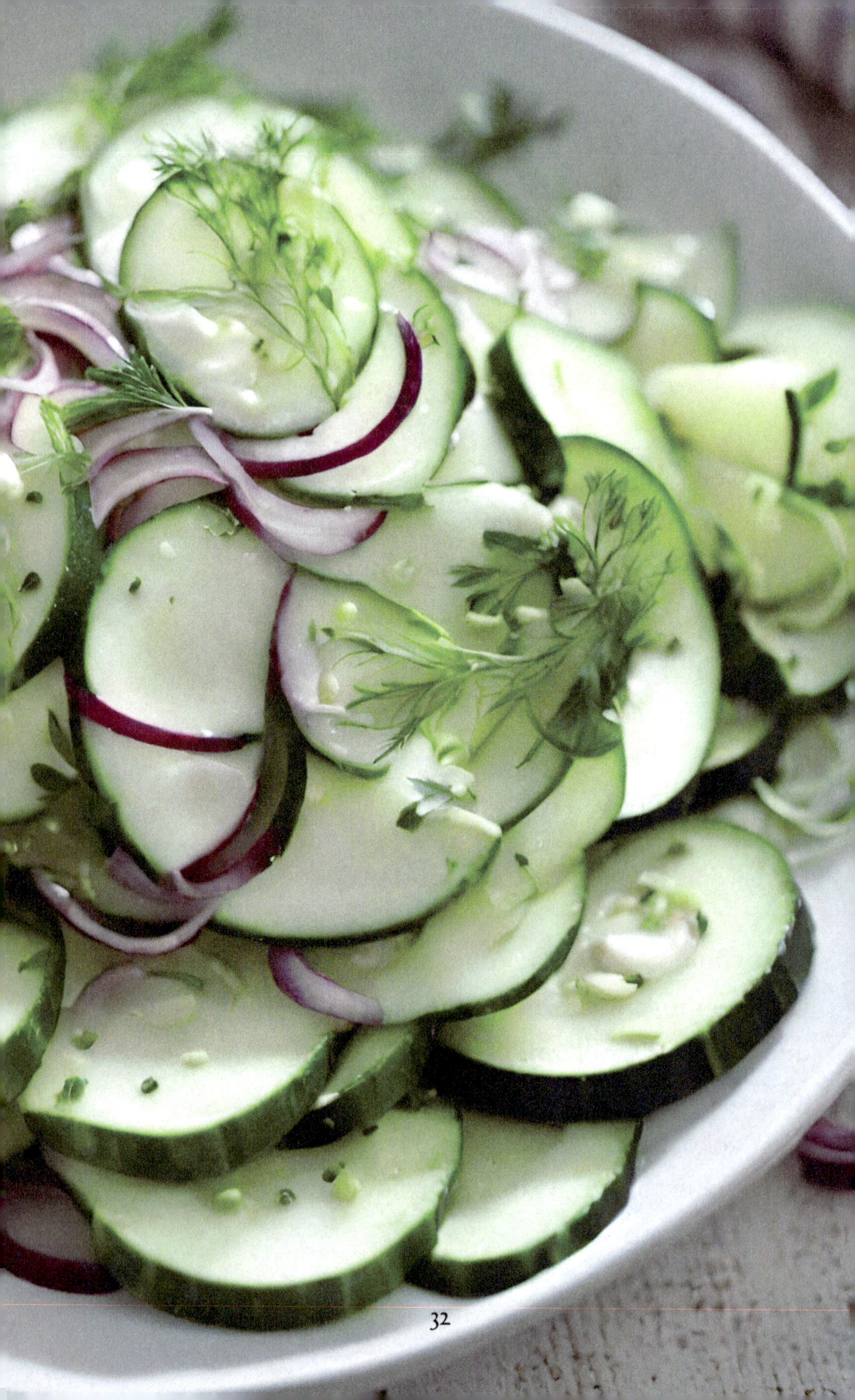

Gurken-Zucchini-Salat

Zutaten

2 Gurken, in Scheiben geschnitten
2 Zucchini, in Scheiben geschnitten
1 rote Zwiebel, gehackt
2 Knoblauchzehen, gehackt
2 EL Olivenöl
2 EL Apfelessig
1 TL Dill
Salz und Pfeffer nach Geschmack

Zubereitung

Gurken, Zucchini, Zwiebel und Knoblauch in einer Schüssel vermengen.
Olivenöl, Apfelessig, Dill, Salz und Pfeffer hinzufügen und gut durchmischen.

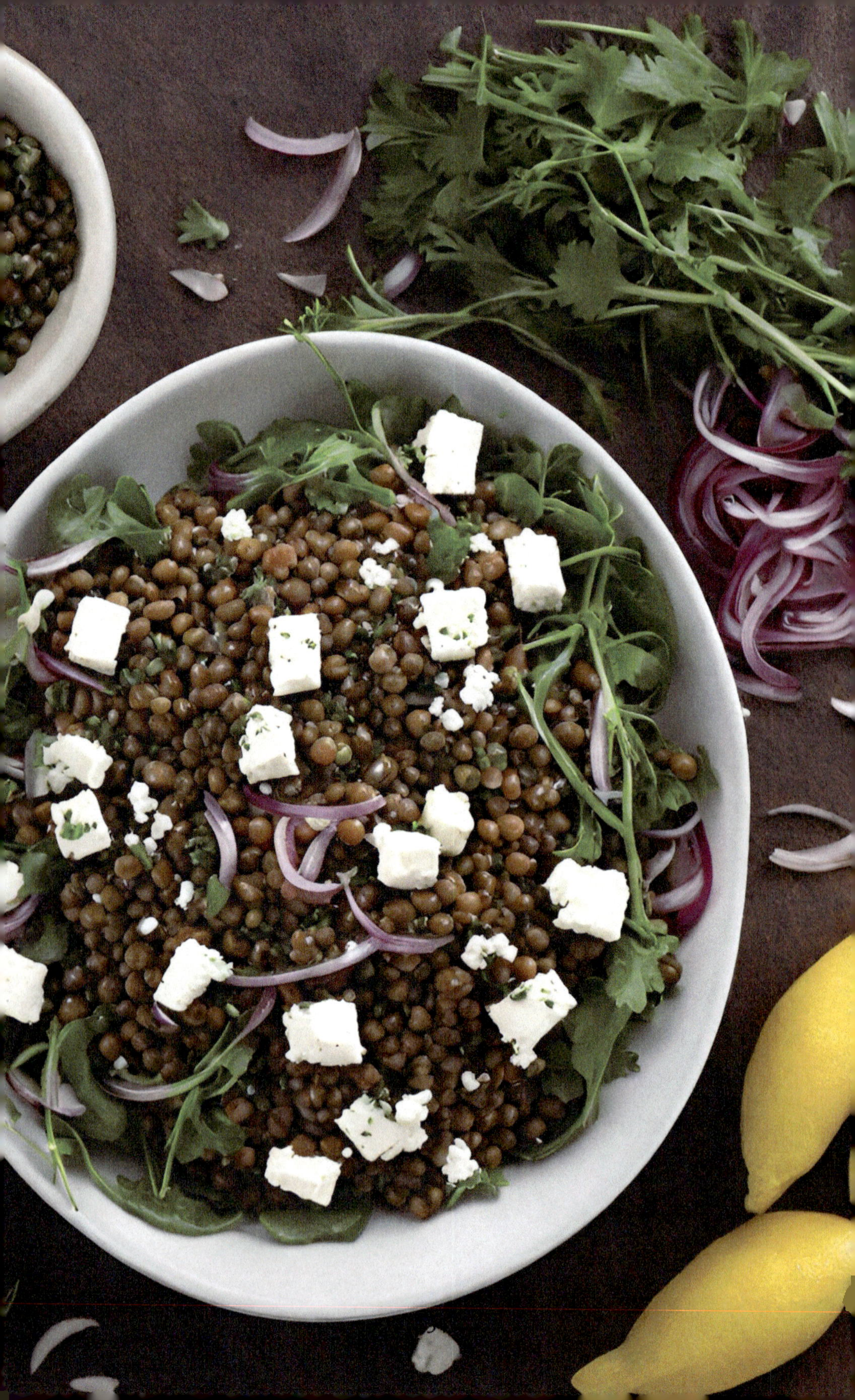

Linsensalat mit Rucola und Feta

Zutaten

300 g Linsen
150 g Rucola
100 g Feta-Käse, gewürfelt
1 rote Zwiebel, gehackt
1 Knoblauchzehe, gehackt
Saft von 1 Zitrone
2 EL Olivenöl
Salz und Pfeffer nach Geschmack

Zubereitung

Die Linsen in gesalzenem Wasser kochen, bis sie weich sind. Abgießen und abkühlen lassen
Alle Zutaten in einer Schüssel vermengen und mit Zitrone, Olivenöl, Salz und Pfeffer abschmecken.

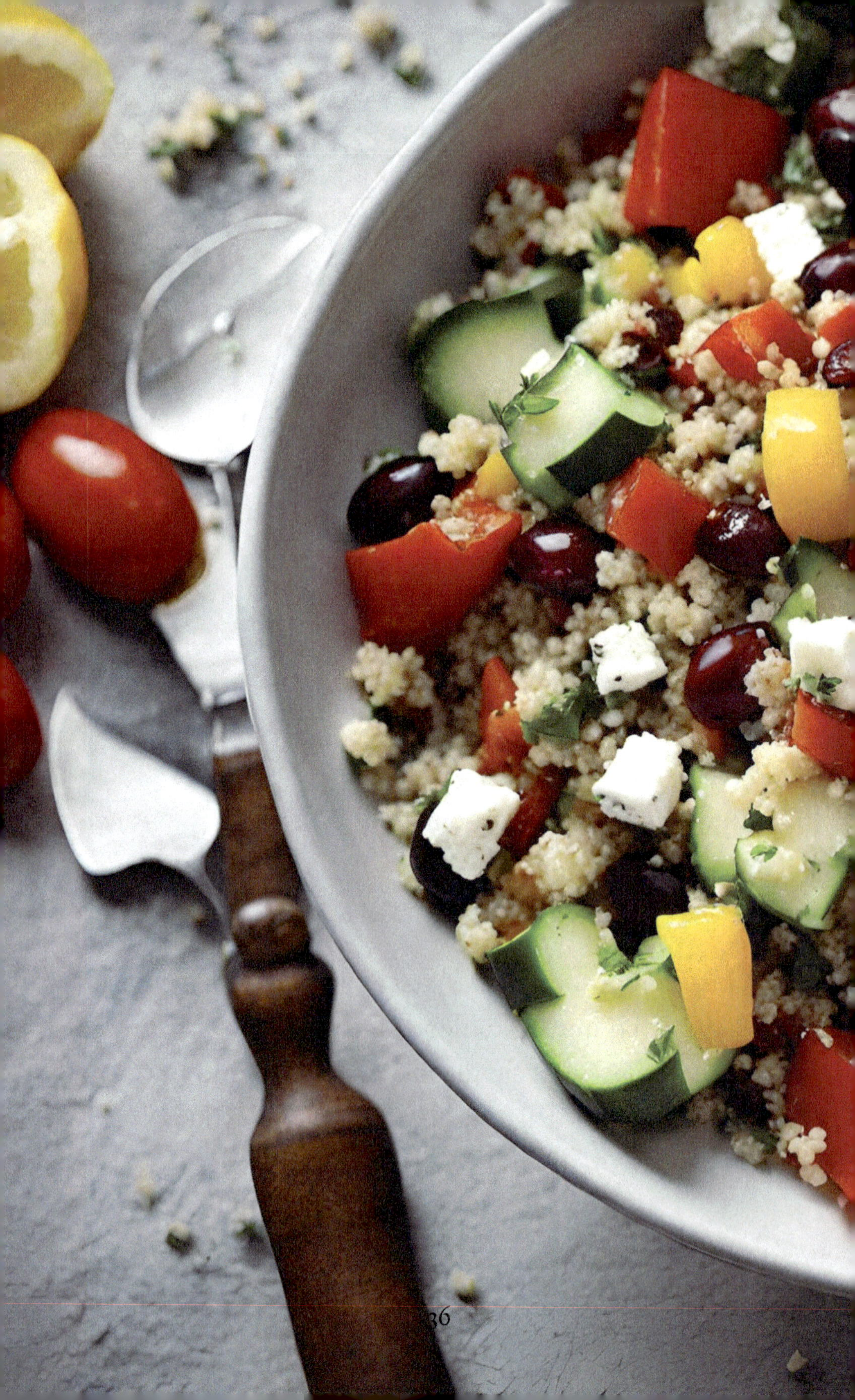

Mediterraner Quinoasalat

Zutaten

200 g Quinoa
1 Gurke, gewürfelt
1 rote Paprika, gewürfelt
1 gelbe Paprika, gewürfelt
100 g Kalamata-Oliven, entkernt und halbiert
100 g Feta-Käse, zerbröckelt
2 EL Olivenöl
1 TL getrockneter Oregano
Saft von 1 Zitrone, Salz, Pfeffer

Zubereitung

Den Quinoa nach Packungsanweisung kochen und abkühlen lassen.
In einer großen Schüssel den abgekühlten Quinoa, Gurke, Paprika, Oliven und Feta-Käse vermischen.
In einer kleinen Schüssel das Olivenöl, Zitronensaft, Oregano, Salz und Pfeffer vermischen und über den Salat geben.

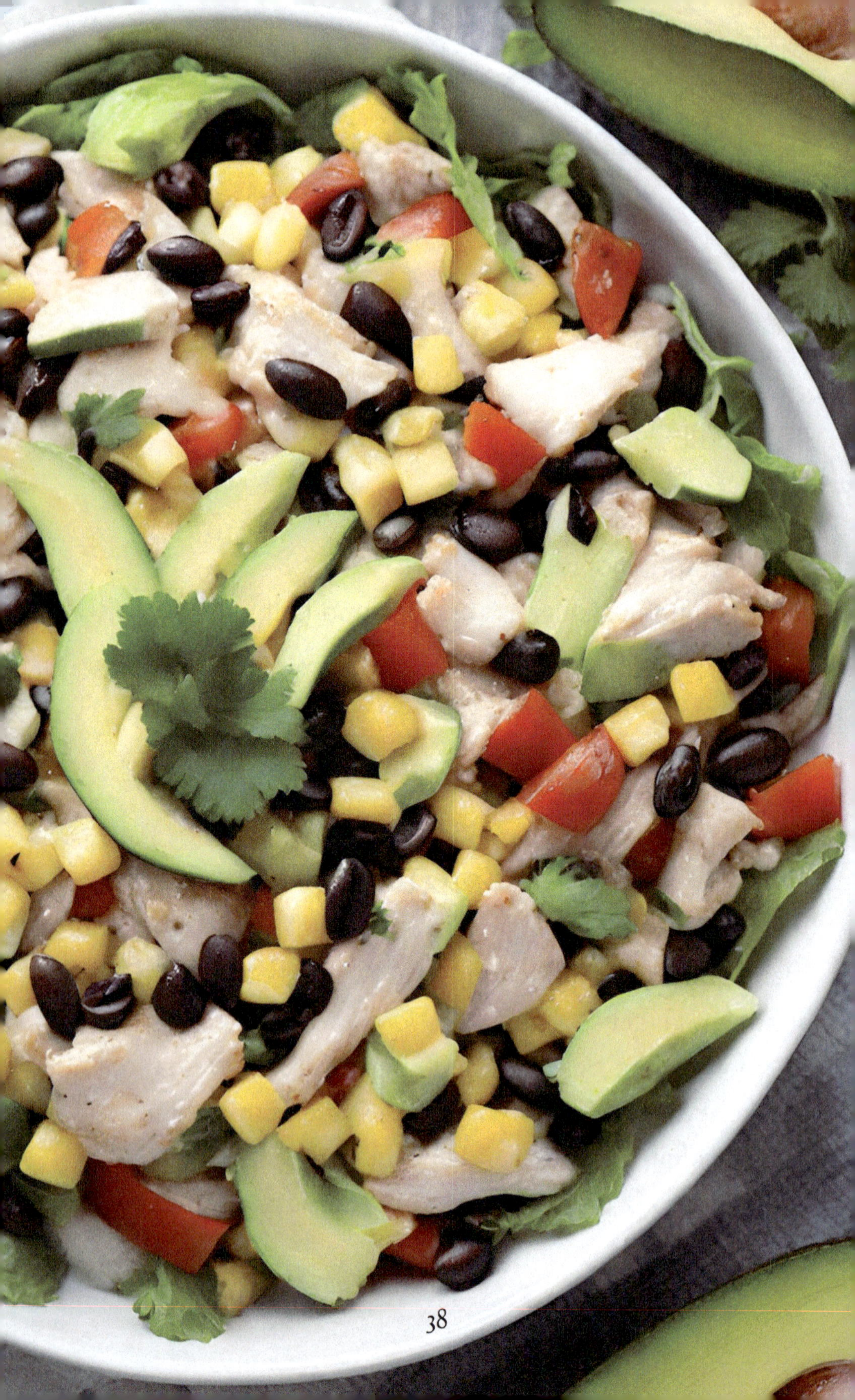

Mexikanischer Hühnchensalat

Zutaten

4 Hähnchenbrustfilets, gekocht und gewürfelt
1 Dose schwarze Bohnen, abgespült und abgetropft
1 Dose Mais, abgespült und abgetropft
1 rote Paprika, gewürfelt
1 grüne Paprika, gewürfelt
1 Avocado, gewürfelt
1 rote Zwiebel, gehackt
1 Limette, Saft und Schale
2 EL Olivenöl
Salz, Pfeffer, Kreuzkümmel und Paprika nach Geschmack

Zubereitung

Das Hähnchen in einer Pfanne anbraten, bis es gar ist. Alle Zutaten in einer großen Schüssel vermengen und mit Limettensaft, Limettenschale, Olivenöl, Salz, Pfeffer, Kreuzkümmel und Paprika würzen.

40

Thunfisch-Avocado-Salat

Zutaten

2 Dosen Thunfisch in Wasser, abgetropft
2 Avocados, gewürfelt
1 rote Zwiebel, gehackt
1 Gurke, gewürfelt
1 rote Paprika, gewürfelt
Saft von 1 Zitrone
2 EL Olivenöl
Salz, Pfeffer und Paprika nach Geschmack

Zubereitung

Thunfisch, Avocado, Zwiebel, Gurke und Paprika in einer Schüssel vermengen.
Mit Zitronensaft, Olivenöl, Salz, Pfeffer und Paprika abschmecken.

41

Quinoa-Salat mit Avocado

Zutaten

1 Tasse Quinoa, gekocht
1 Avocado, gewürfelt
1 Tasse Kirschtomaten, halbiert
1/4 Tasse gehackte frische Petersilie
Saft von 1 Zitrone
2 EL Olivenöl
Salz und Pfeffer nach Geschmack

Zubereitung

Alle Zutaten in einer Schüssel vermischen.
Mit Zitronensaft, Olivenöl, Salz und Pfeffer abschmecken.
Vor dem Servieren im Kühlschrank kalt stellen.

Hauptgerichte

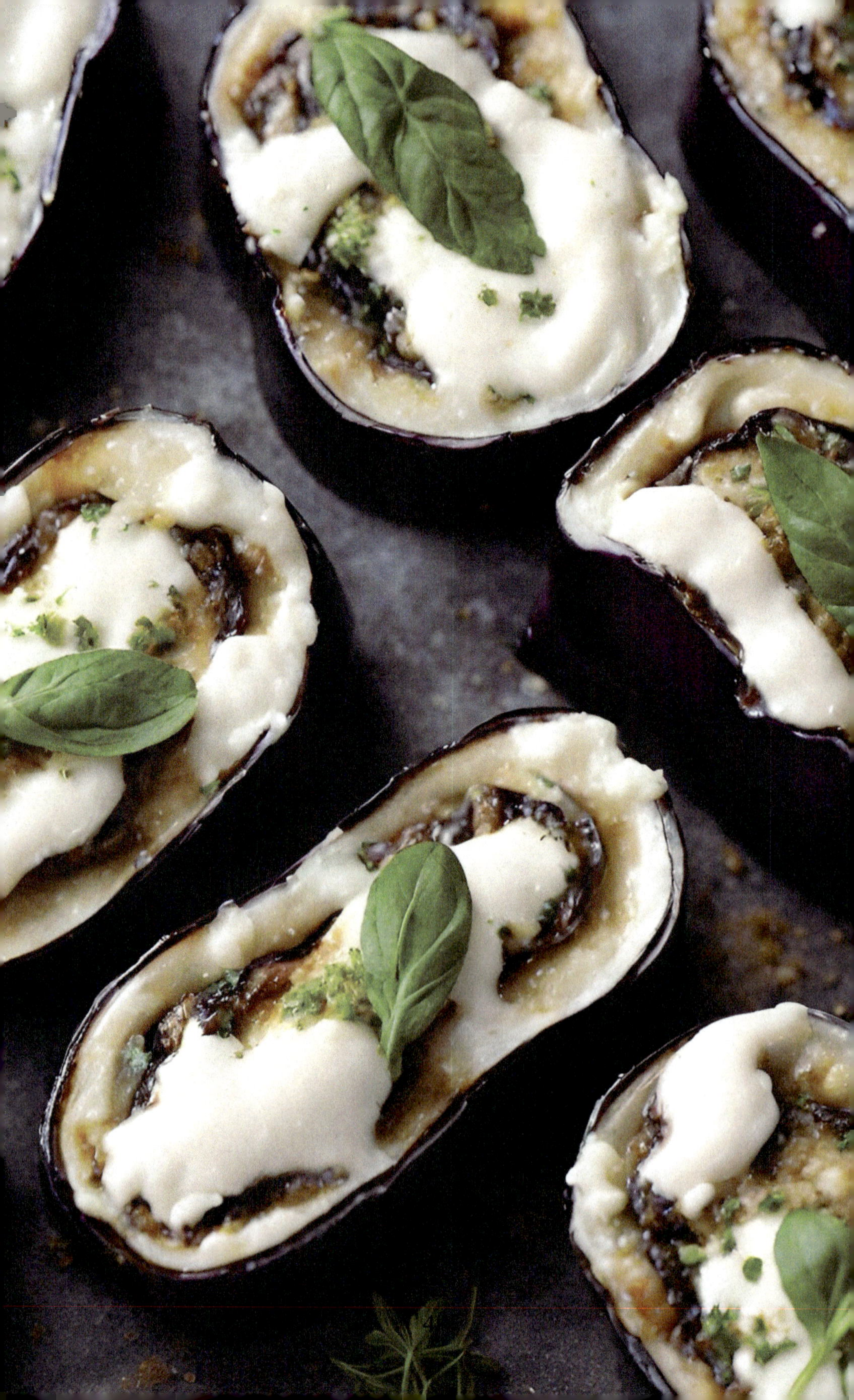

Auberginenröllchen mit Ricotta

Zutaten

2 Auberginen, in dünne Scheiben geschnitten
200 g Ricotta-Käse
2 Knoblauchzehen, gehackt
4 EL gehackte frische Kräuter (z.B. Basilikum, Oregano, Petersilie)
2 EL Olivenöl
Salz und Pfeffer

Zubereitung

Die Auberginenscheiben mit Salz bestreuen und ca. 10 Minuten stehen lassen.
Dann abspülen und trocken tupfen.
Den Ricotta-Käse mit Knoblauch, Kräutern, Salz und Pfeffer vermischen.
Die Auberginenscheiben mit Olivenöl beträufeln und von beiden Seiten in einer Grillpfanne ca. 2 Minuten grillen.
Jede Scheibe mit der Ricotta-Mischung bestreichen.

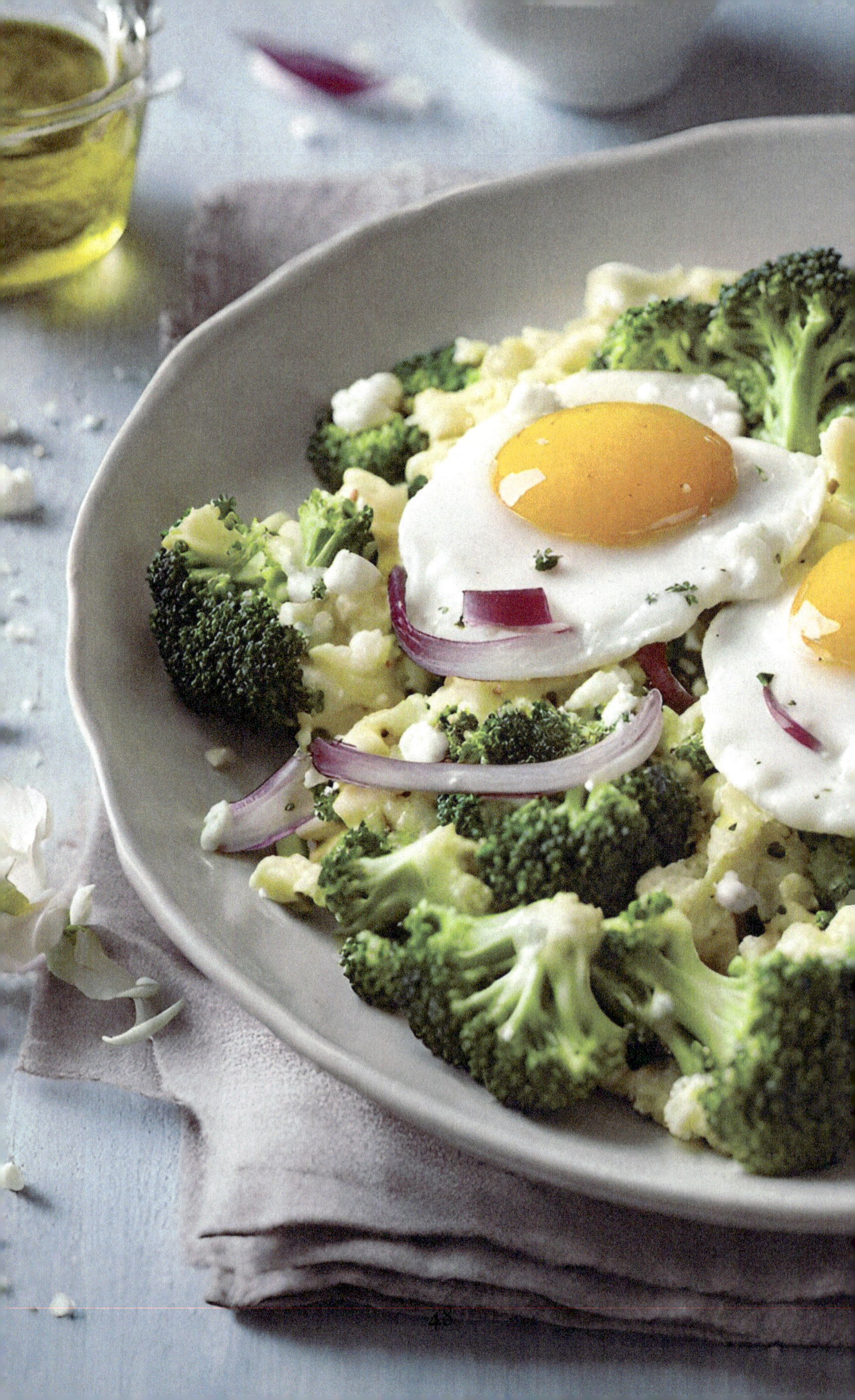

Brokkoli-Feta-Rührei

Zutaten

8 Eier
200 g Brokkoli, in kleine Röschen geteilt
100 g Feta, zerbröckelt
1 rote Zwiebel, gehackt
2 EL Olivenöl
Salz und Pfeffer nach Geschmack

Zubereitung

Die Eier in einer Schüssel verquirlen und mit Salz und Pfeffer würzen.

Das Olivenöl in einer großen Pfanne erhitzen und die Zwiebel darin anschwitzen.

Den Brokkoli hinzufügen und für ca. 5 Minuten mitbraten, bis er bissfest ist.

Die verquirlten Eier in die Pfanne geben und bei mittlerer Hitze stocken lassen.

Den zerbröckelten Feta über das Rührei streuen und alles gut durchmischen.

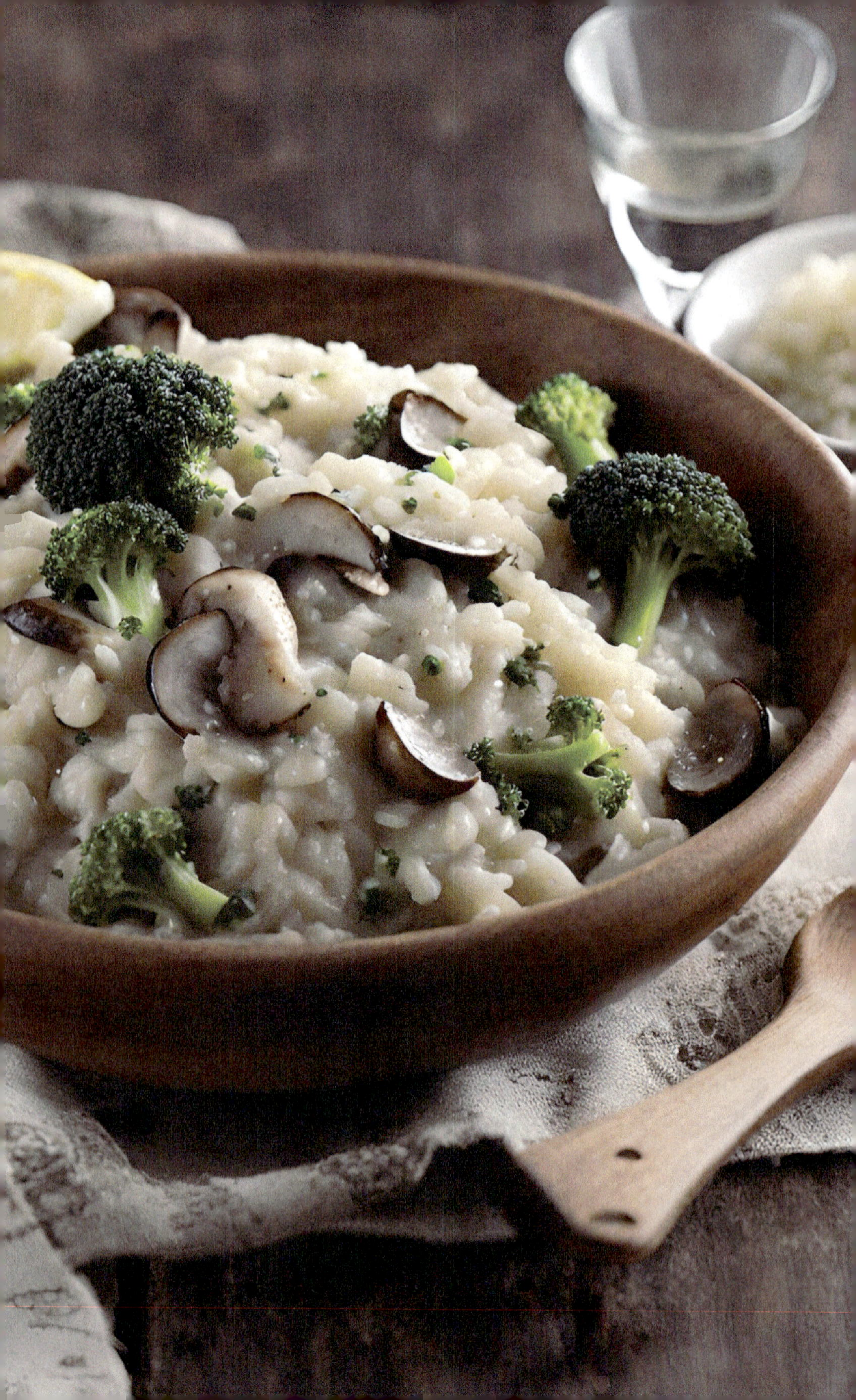

Brokkoli-Pilz-Risotto

Zutaten

300 g Arborio-Reis
500 g Brokkoli, in Röschen geschnitten
200 g Champignons, in Scheiben geschnitten
1 Zwiebel, gehackt
2 Knoblauchzehen, gehackt
1 l Gemüsebrühe
100 ml Weißwein
2 EL Olivenöl
Saft einer Zitrone, Salz, Pfeffer

Zubereitung

Die Zwiebel und den Knoblauch in einem großen Topf mit Olivenöl anbraten.
Den Reis hinzufügen und kurz anrösten.
Wein und Gemüsebrühe nach und nach hinzufügen und ständig rühren, bis der Reis gar ist und die Flüssigkeit absorbiert wurde.
Brokkoli, Pilze, Zitronensaft, Salz und Pfeffer hinzufügen und 5-10 Minuten köcheln lassen.

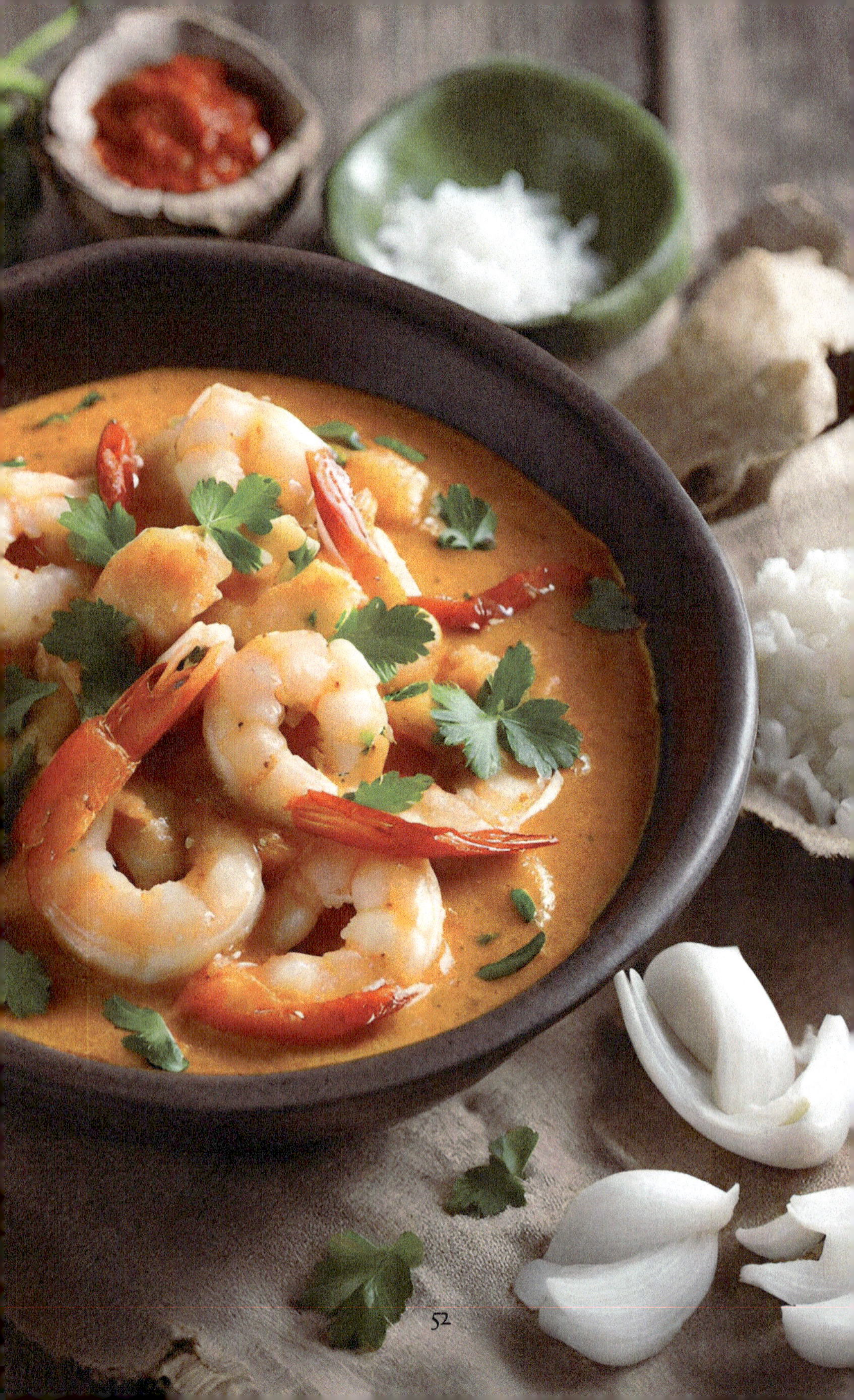

Garnelen-Curry mit Kokosmilch

Zutaten

500 g Garnelen, geschält und entdarmt
1 Zwiebel, gehackt
2 Knoblauchzehen, gehackt
2 EL rotes Currypaste
400 ml Kokosmilch
1 rote Paprika, in Streifen geschnitten
1 grüne Paprika, in Streifen geschnitten
Salz und Pfeffer nach Geschmack

Zubereitung

In einer großen Pfanne die Zwiebel und den Knoblauch in etwas Öl anschwitzen.
Die Garnelen hinzufügen und kurz anbraten.
Die Currypaste, Kokosmilch hinzufügen und zum Kochen bringen.
Die Paprika hinzufügen und das Curry für ca. 10 Minuten köcheln lassen, bis die Garnelen gar sind und alles gut vermischt ist.
Mit Salz und Pfeffer abschmecken.

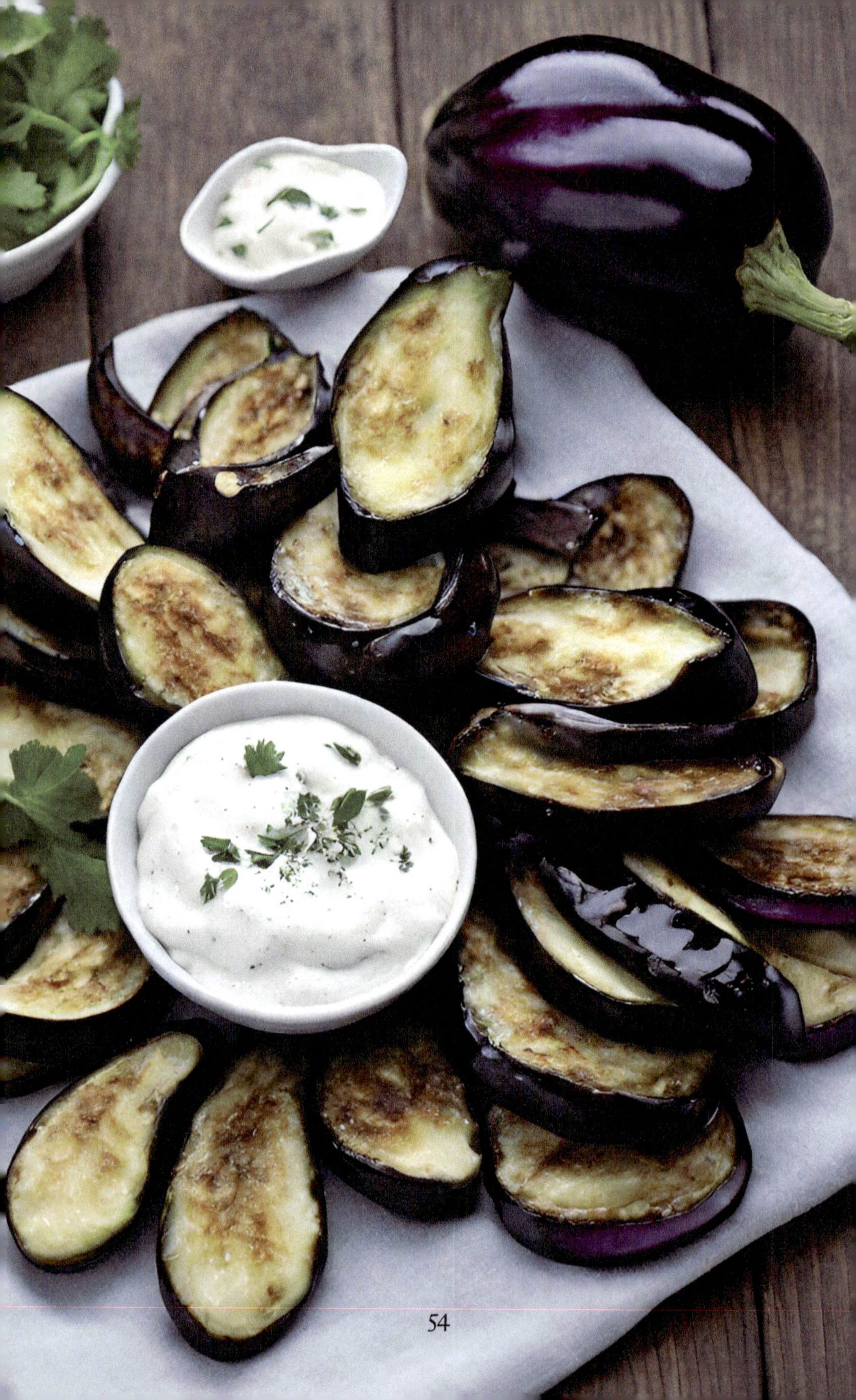

Gebratene Auberginen mit Dip

Zutaten

2 Auberginen, in Scheiben geschnitten
2 Knoblauchzehen, gehackt
2 EL Olivenöl
500 g griechischer Joghurt
1 Gurke, geschält und gewürfelt
2 Knoblauchzehen, gehackt
Saft von 1 Zitrone
Salz und Pfeffer nach Geschmack

Zubereitung

Die Auberginenscheiben mit Olivenöl und Knoblauch auf beiden Seiten anbraten, bis sie goldbraun sind.
Für den Joghurt-Dip den Joghurt, Gurke, Knoblauch, Zitronensaft, Salz und Pfeffer vermengen.
Die gebratenen Auberginenscheiben mit dem Joghurt-Dip servieren.

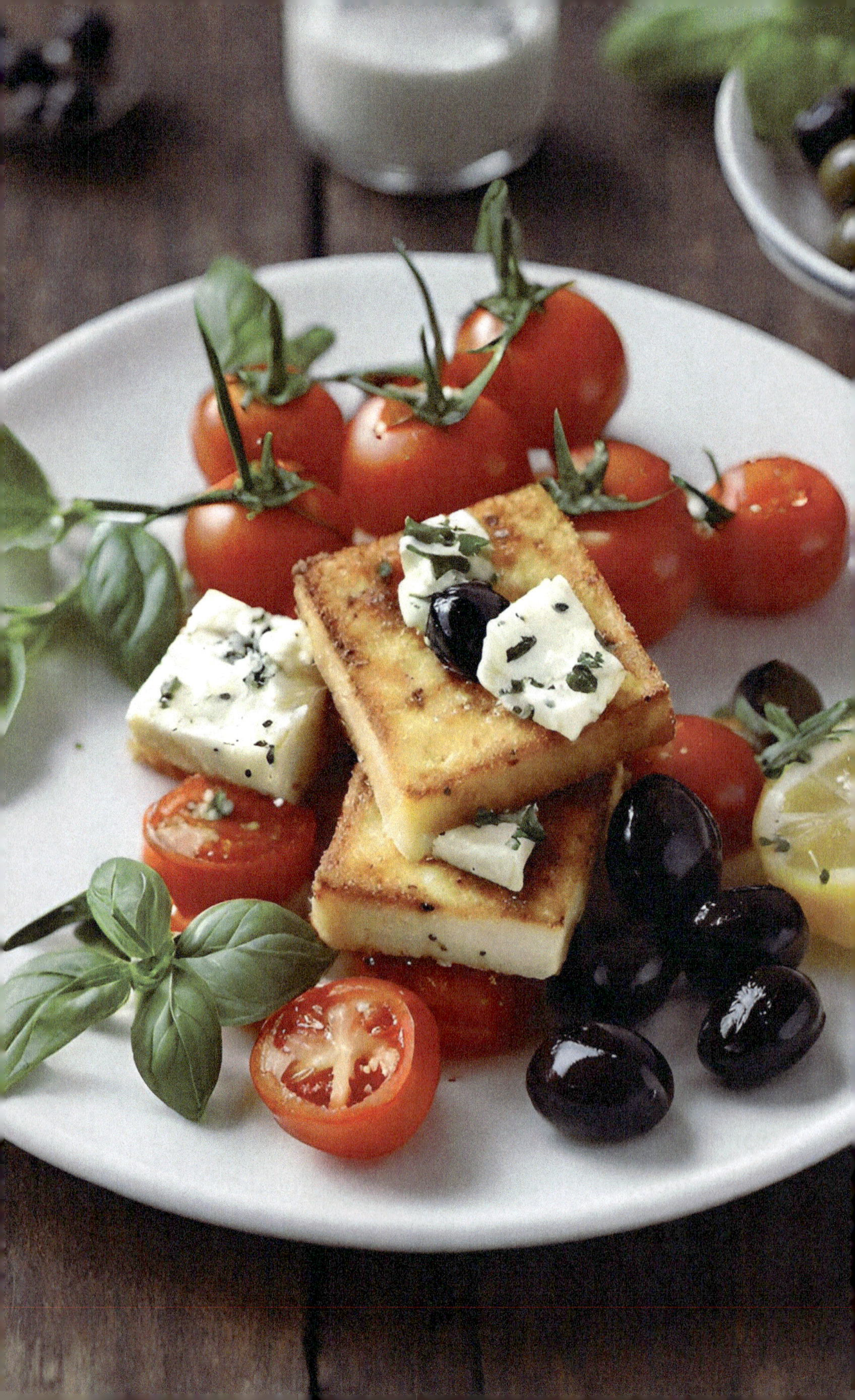

Gebratener Feta mit Tomaten

Zutaten

200 g Feta
1 Tasse Kirschtomaten, halbiert
1/4 Tasse schwarze Oliven, entsteint und halbiert
Eine Handvoll frischer Basilikum, grob gehackt
2 EL Olivenöl
Saft von 1/2 Zitrone
Salz und Pfeffer nach Geschmack

Zubereitung

Den Feta in eine Auflaufform legen und die Kirschtomaten, Oliven und Basilikum um den Feta herum verteilen.

Das Olivenöl, den Zitronensaft, Salz und Pfeffer vermengen und über den Feta und das Gemüse gießen.

Die Auflaufform in den Ofen geben und bei 180 Grad Celsius für ca. 15-20 Minuten backen, bis der Feta weich ist und das Gemüse leicht gebräunt ist.

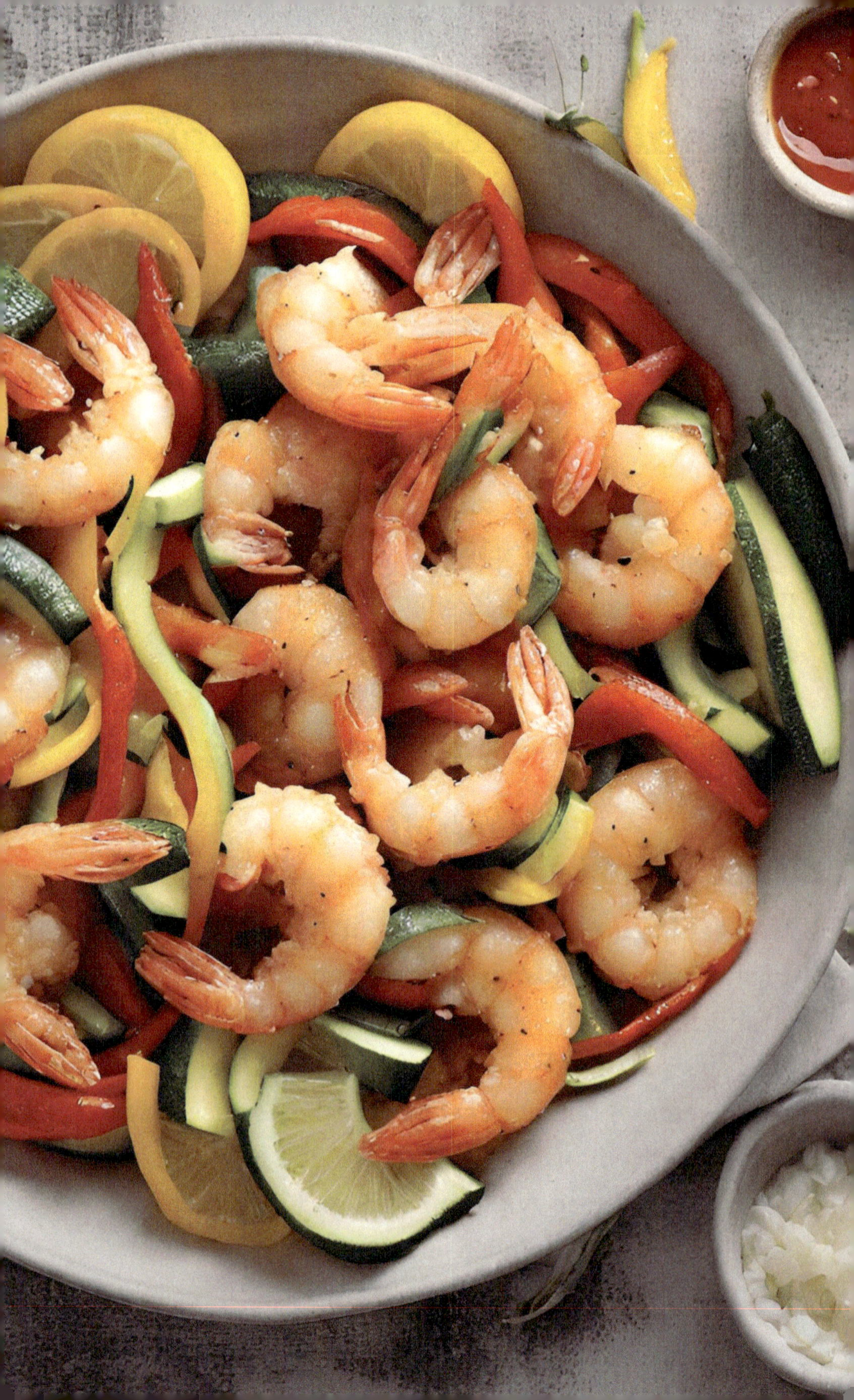

Gebratene Garnelen mit Gemüse

Zutaten

500 g Garnelen, geschält und entdarmt
1 rote Paprika, in Streifen geschnitten
1 gelbe Paprika, in Streifen geschnitten
1 Zucchini, in Scheiben geschnitten
1 Zwiebel, gehackt
2 Knoblauchzehen, gehackt
2 EL Olivenöl
1 TL gemahlener Kreuzkümmel
1 TL Paprikapulver
Saft von 1 Zitrone, Salz, Pfeffer

Zubereitung

Garnelen in Olivenöl anbraten, bis sie rosa sind. Aus der Pfanne nehmen und beiseite stellen.
In derselben Pfanne Paprika, Zucchini, Zwiebel und Knoblauch anbraten, bis das Gemüse weich ist.
Garnelen zurück in die Pfanne geben und mit Kreuzkümmel, Paprikapulver, Zitronensaft, Salz und Pfeffer würzen. Weiterbraten, bis alles gut vermischt und erhitzt ist.

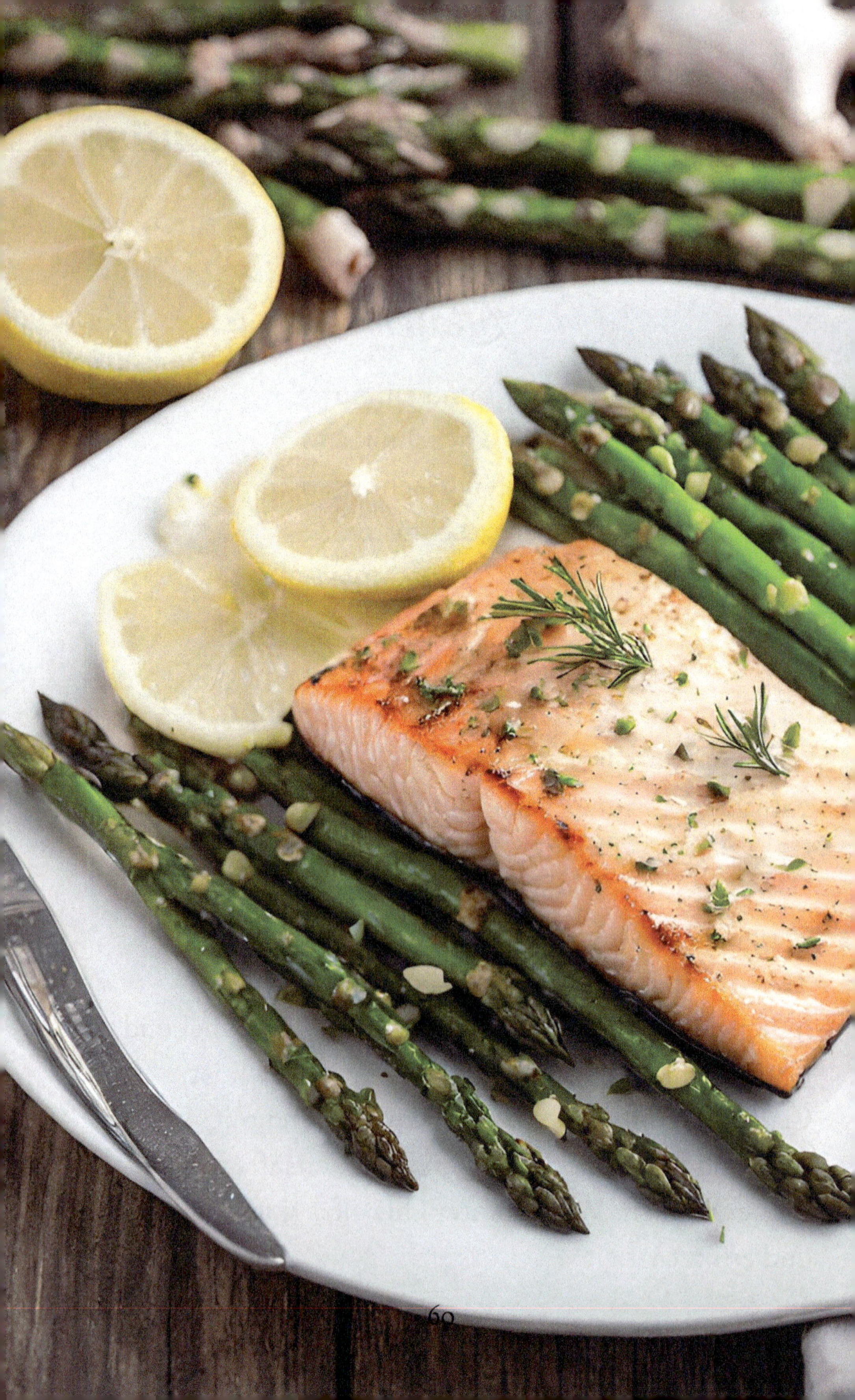

Gebratener Lachs mit Spargel

Zutaten

4 Lachsfilets
500 g Spargel, geschält und in Stücke geschnitten
2 Knoblauchzehen, gehackt
2 EL Olivenöl
Saft von 1 Zitrone
Salz und Pfeffer nach Geschmack

Zubereitung

Den Lachs mit Zitronensaft, Knoblauch, Olivenöl, Salz und Pfeffer marinieren.
Den Spargel in kochendem Wasser blanchieren, bis er bissfest ist.
Den marinierten Lachs in einer Pfanne braten, bis er gar ist.
Mit dem blanchierten Spargel servieren.

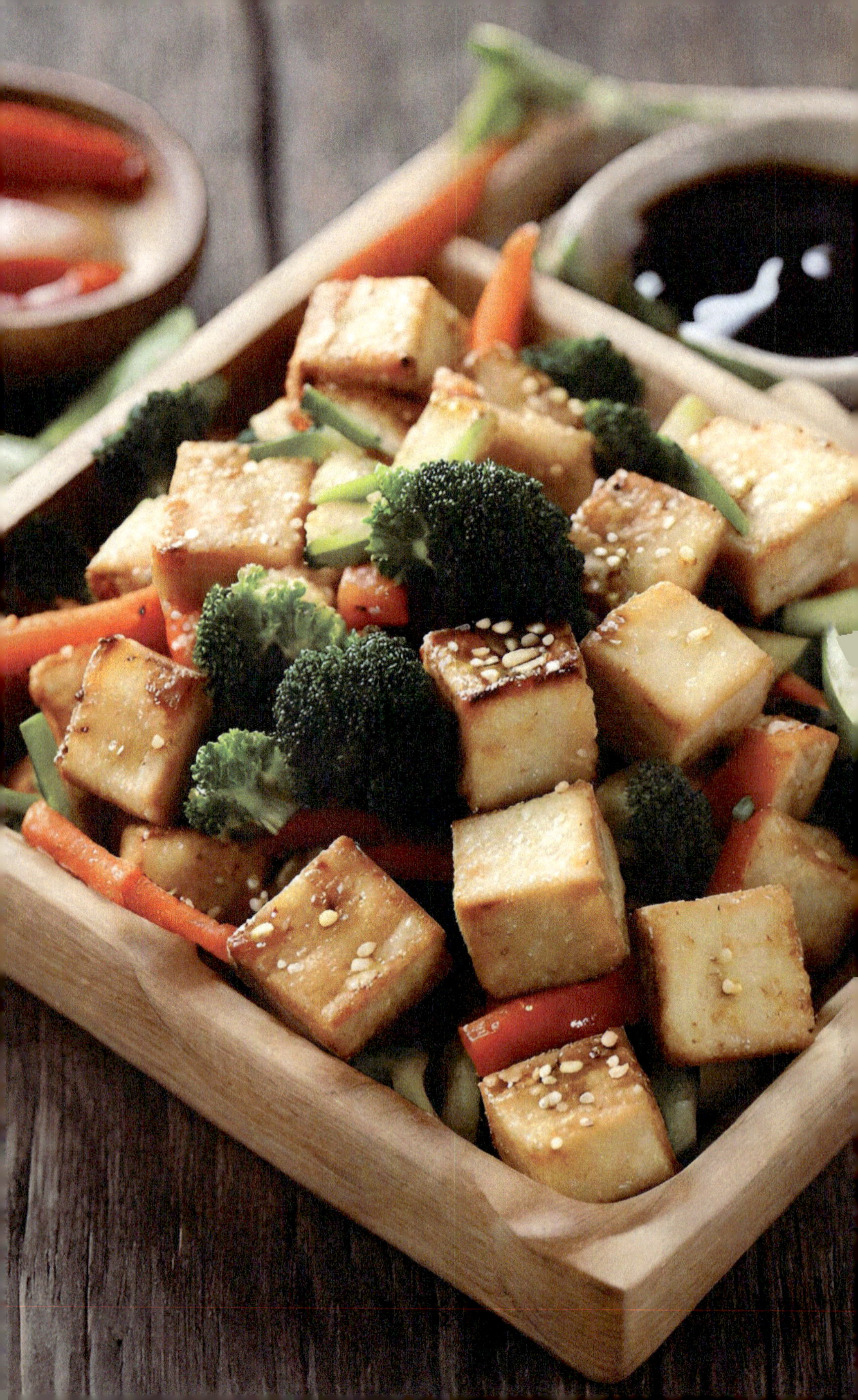

Gebratener Tofu mit Gemüse

Zutaten

400 g Tofu, gewürfelt
2 EL Sojasauce
2 Knoblauchzehen, gehackt
1 TL Ingwer, gerieben
2 EL Sesamöl
1 Zucchini, in dünne Scheiben geschnitten
1 rote Paprika, in Streifen geschnitten
1 Karotte, in dünne Streifen geschnitten
Salz und Pfeffer nach Geschmack

Zubereitung

In einer Schüssel den Tofu mit Sojasauce, Knoblauch und Ingwer marinieren.
Das Sesamöl in einer großen Pfanne erhitzen und den marinierten Tofu darin anbraten, bis er goldbraun ist.
Die Zucchini, die Paprika und die Karotte anbraten, bis das Gemüse bissfest ist.
Den Tofu zum Gemüse geben und alles gut vermischen. Mit Salz und Pfeffer abschmecken und warm servieren.

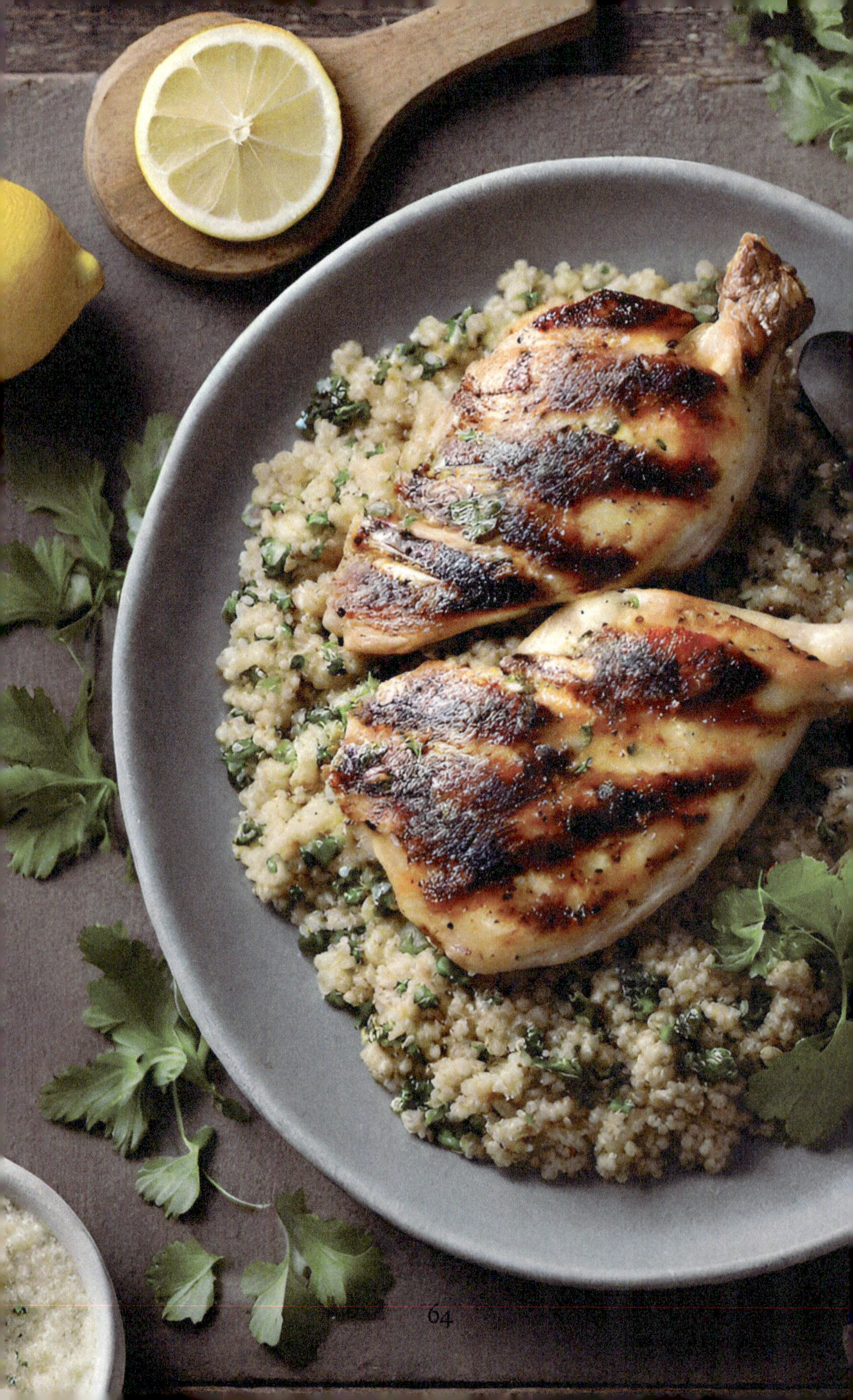

Gegrilltes Hühnchen mit Quinoa

Zutaten

4 Hühnchenbrustfilets
Saft von 2 Zitronen
3 EL Olivenöl
2 Knoblauchzehen, zerdrückt
1 TL Paprikapulver
Salz und Pfeffer nach Geschmack
200 g Quinoa
400 ml Gemüsebrühe
1 Bund frische Petersilie, gehackt

Zubereitung

Die Hühnchenbrustfilets mit Zitronensaft, Olivenöl, Knoblauch, Paprikapulver, Salz und Pfeffer marinieren und etwa 15 Minuten ziehen lassen.

Den Quinoa nach Packungsanleitung in der Gemüsebrühe kochen.

Dann die marinierten Hühnchenbrustfilets von beiden Seiten grillen, bis sie durchgegart sind.

Den gekochten Quinoa mit frischer Petersilie vermengen und mit dem gegrillten Hühnchen servieren.

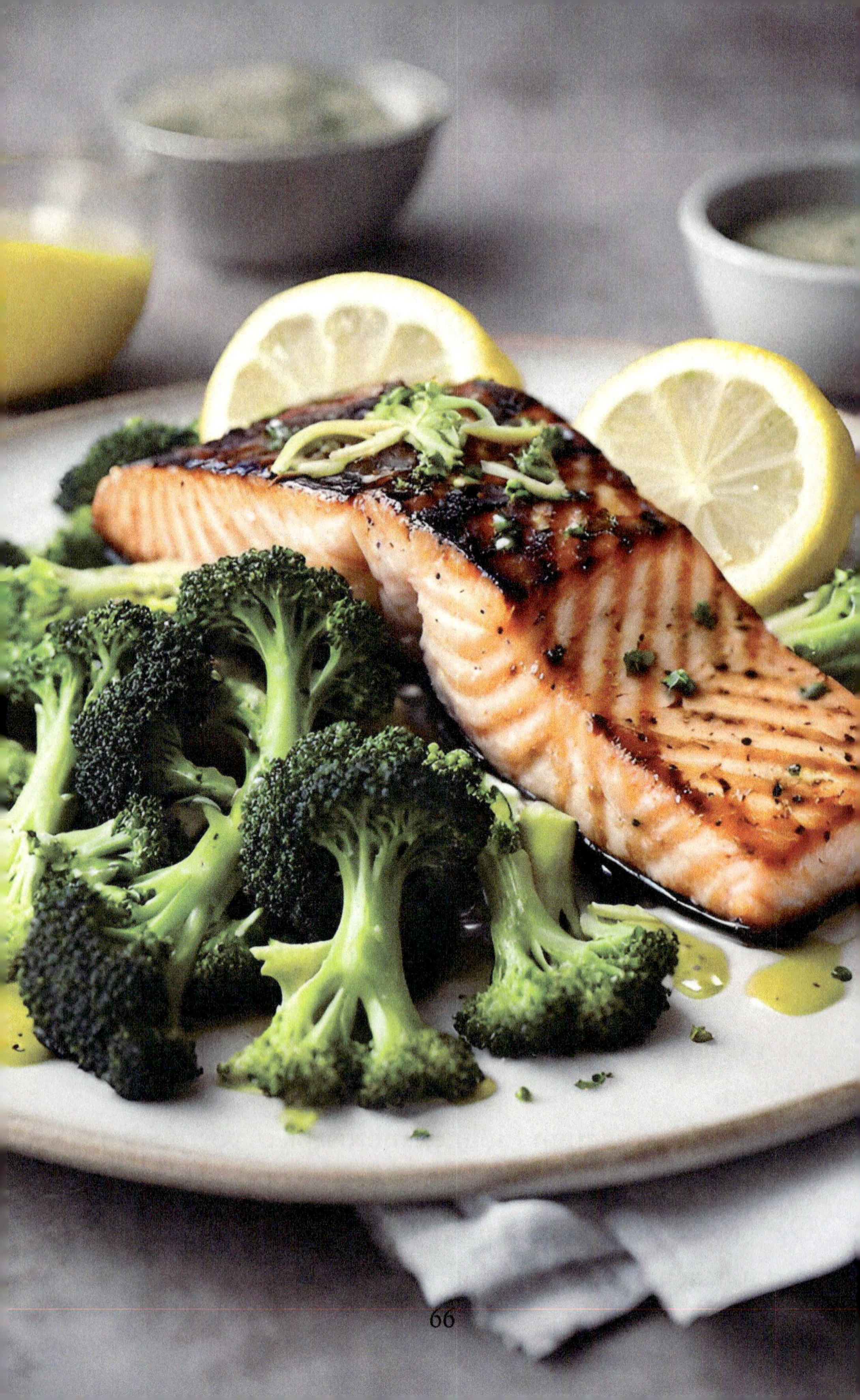

Gegrilltes Lachsfilet mit Brokkoli

Zutaten

4 Lachsfilets
Saft von 1 Zitrone
2 EL Olivenöl
Salz und Pfeffer
4 Brokkoliröschen

Zubereitung

Den Lachs mit Zitronensaft, Olivenöl, Salz und Pfeffer marinieren und ca. 10 Minuten ziehen lassen.
Dann auf dem Grill von beiden Seiten ca. 5 Minuten garen.
Den Brokkoli dämpfen oder kurz in kochendem Wasser blanchieren.

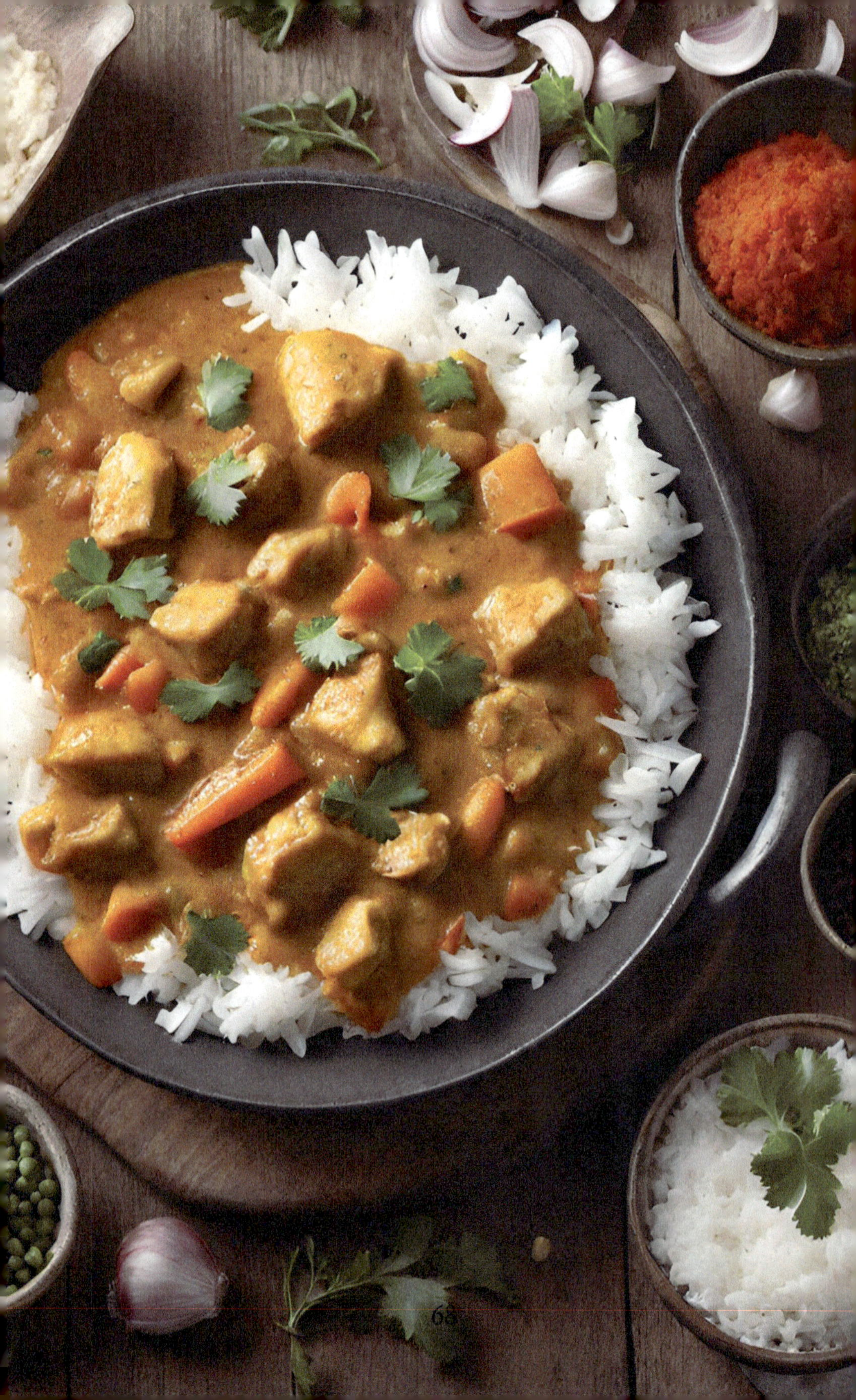

Gemüse-Curry mit Hühnchen

Zutaten

4 Hühnchenbrustfilets, gewürfelt
1 Zwiebel, gehackt
2 Knoblauchzehen, gehackt
2 EL Currypulver
400 g Kokosmilch
2 Karotten, in Scheiben geschnitten
1 Paprika, gewürfelt
Salz und Pfeffer

Zubereitung

Die Hühnchenbrustfiletwürfel mit Currypulver, Salz und Pfeffer würzen und in einer Pfanne mit etwas Olivenöl goldbraun braten.
Zwiebeln und Knoblauch hinzufügen und anbraten, bis sie weich sind.
Die Kokosmilch, Karotten und Paprika hinzufügen und ca. 15 Minuten köcheln lassen.

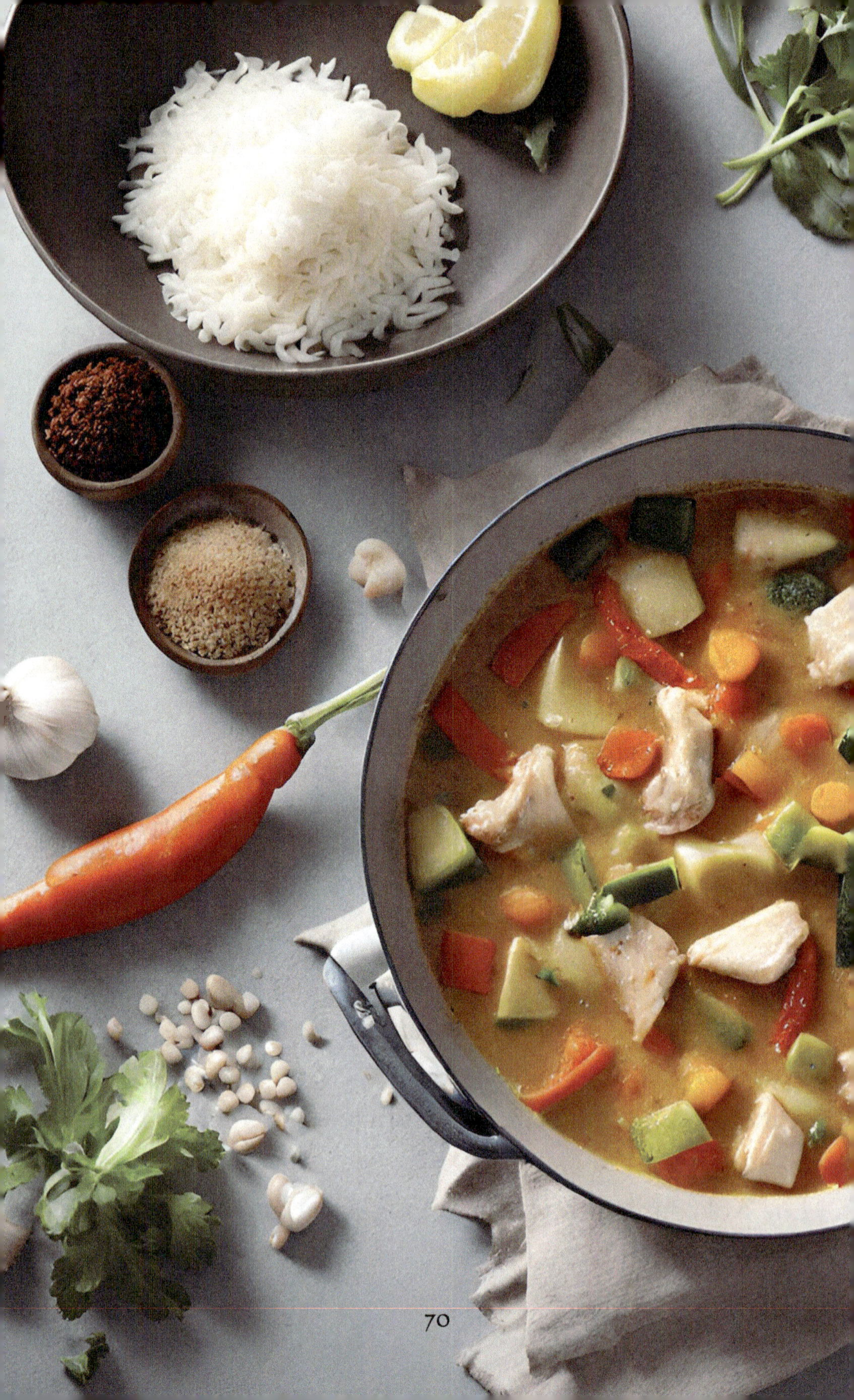

Gemüse-Pfanne mit Hühnchen

Zutaten

4 Hühnchenbrustfilets, gewürfelt
1 Zucchini, gewürfelt
2 Karotten, gewürfelt
1 rote Paprika, gewürfelt
1 gelbe Paprika, gewürfelt
1 Zwiebel, gehackt
2 Knoblauchzehen, gehackt
1 Dose Kokosmilch
2 EL rote Currypaste
2 EL Sojasauce
Salz und Pfeffer nach Geschmack

Zubereitung

Das Hühnchen in einer Pfanne anbraten, bis es gar ist.
Das Gemüse, die Zwiebel und den Knoblauch hinzufügen und kurz anbraten.
Die Kokosmilch, Currypaste und Sojasauce hinzufügen und alles zum Kochen bringen.
Mit Salz und Pfeffer abschmecken und 5-10 Minuten köcheln lassen.

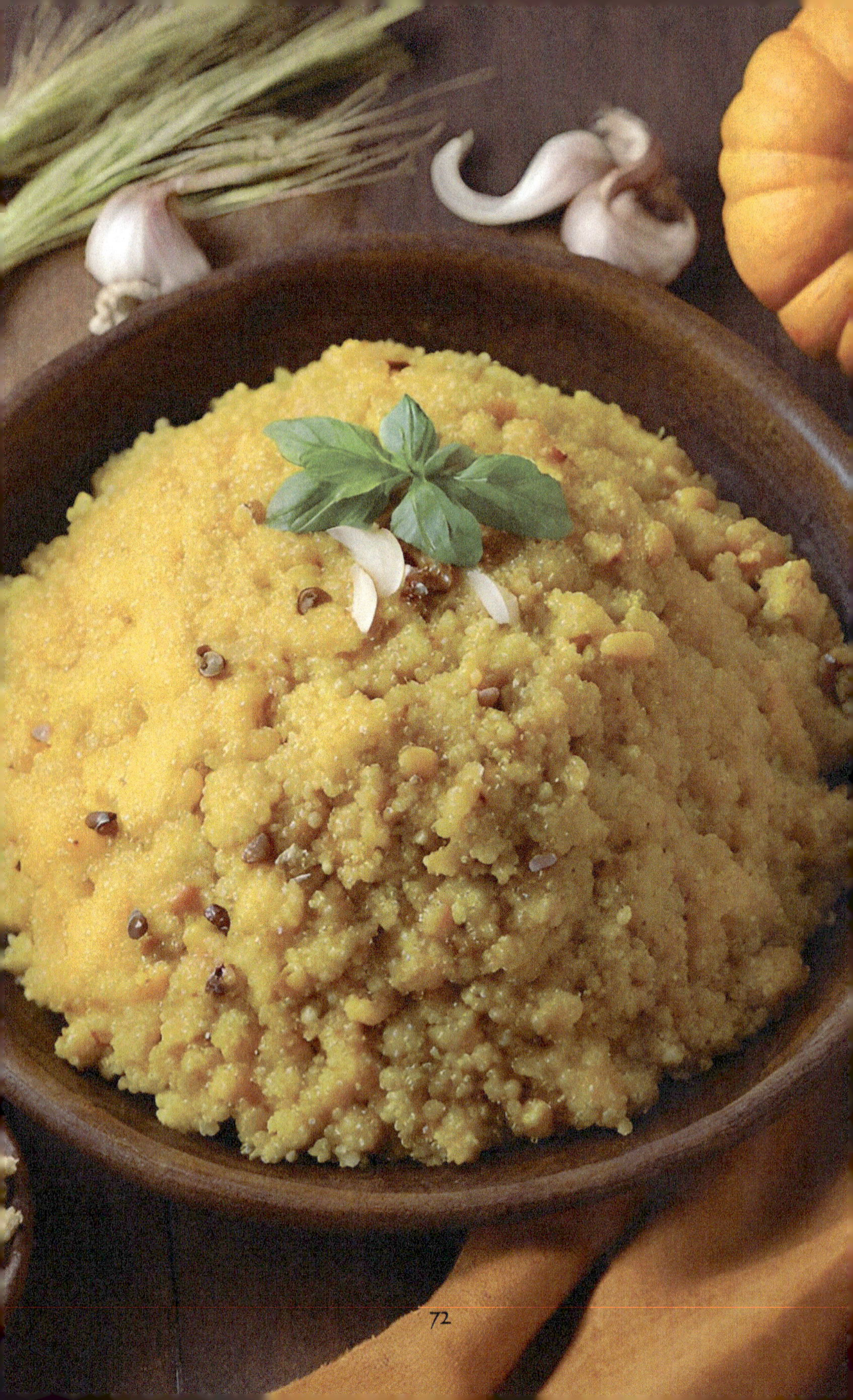

Hirse-Kürbis-Pfanne

Zutaten

2 Tassen Hirse
1 Hokkaido-Kürbis, gewürfelt
1 Zwiebel, gehackt
2 Knoblauchzehen, gehackt
1 TL gemahlener Kurkuma
1 TL gemahlener Kreuzkümmel
Salz und Pfeffer

Zubereitung

Die Hirse nach Packungsanweisung kochen.
Den gewürfelten Kürbis, Zwiebel und Knoblauch in einer Pfanne mit etwas Olivenöl anbraten.
Kurkuma, Kreuzkümmel, Salz und Pfeffer hinzufügen und ca. 10 Minuten kochen, bis der Kürbis weich ist.
Die gekochte Hirse hinzufügen und gut vermengen.

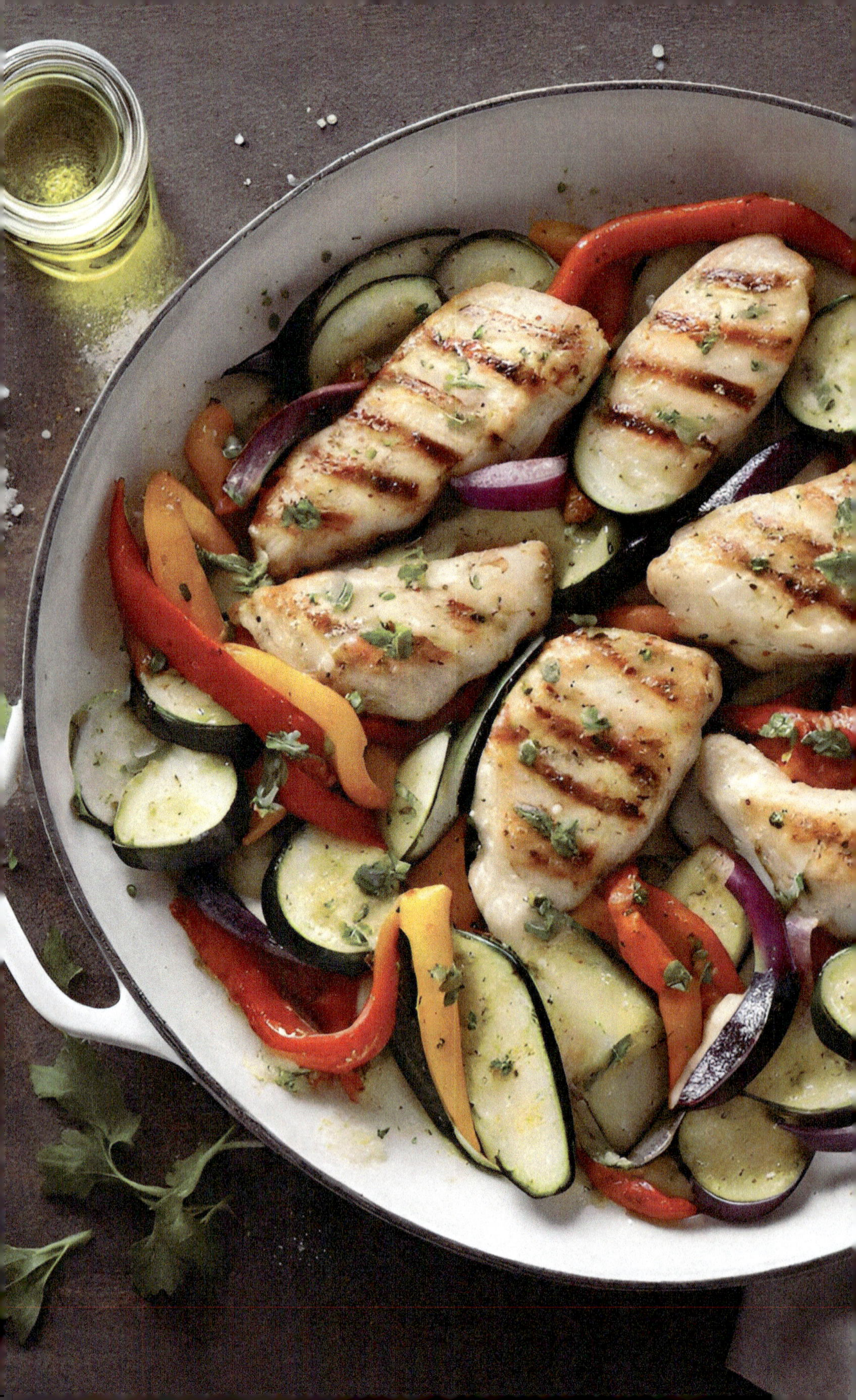

Hühnchen-Gemüsepfanne

Zutaten

4 Hühnchenbrustfilets, in Streifen geschnitten
2 Paprika, gewürfelt
1 Zucchini, gewürfelt
1 Aubergine, gewürfelt
1 Zwiebel, gehackt
2 Knoblauchzehen, gehackt
2 EL Olivenöl
Salz und Pfeffer
Paprikapulver und Kreuzkümmel, nach Geschmack

Zubereitung

Die Hühnchenbrustfiletstreifen mit Salz, Pfeffer, Paprikapulver und Kreuzkümmel würzen und in einer Pfanne mit Olivenöl ca. 5 Minuten braten, bis sie gar sind.
Das Gemüse in einer separaten Pfanne mit Olivenöl, Zwiebel und Knoblauch anbraten, bis es weich ist.
Die Hühnchenstücke mit dem Gemüse vermischen und weiter braten, bis alles gut kombiniert ist.

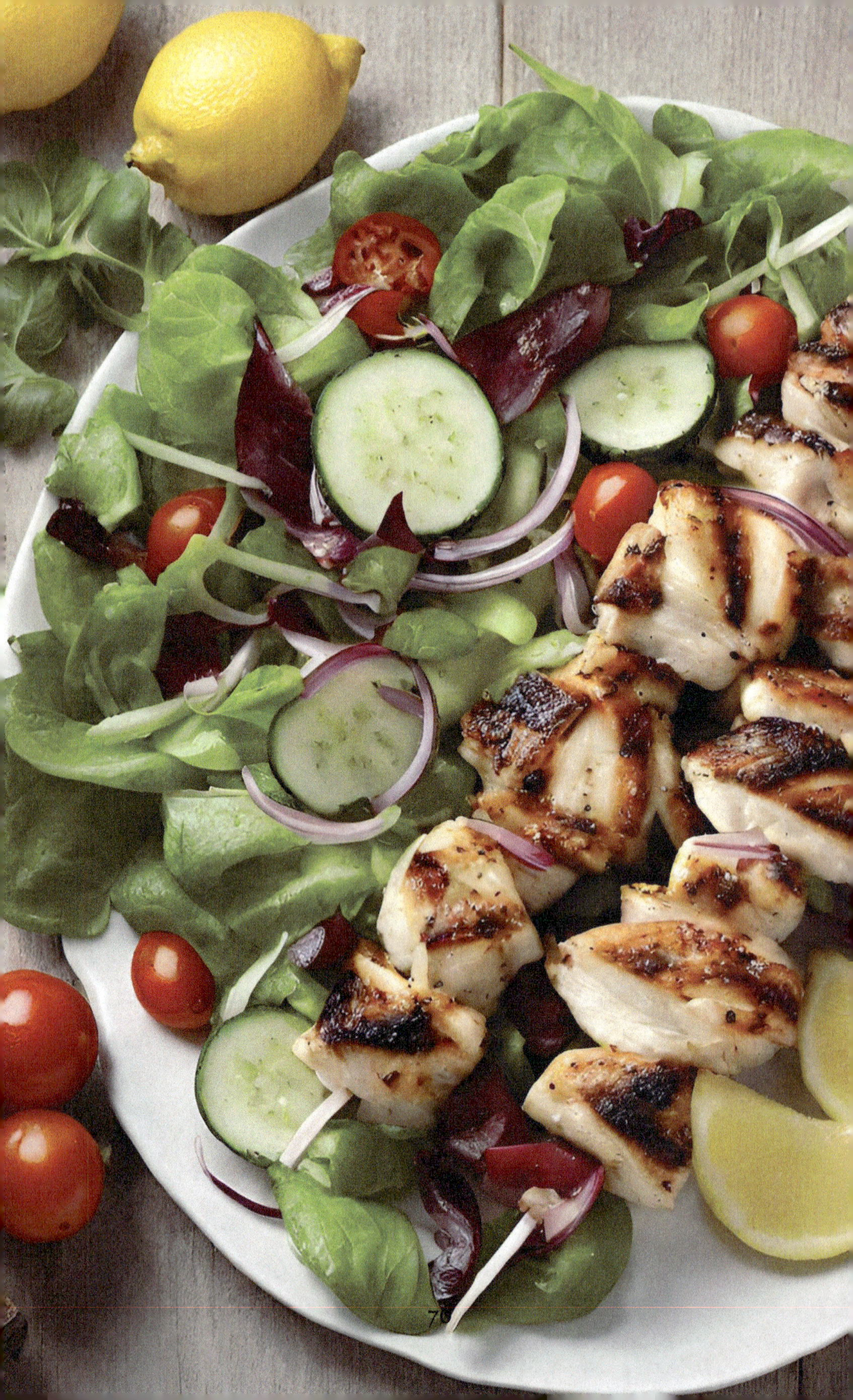

Hühnchen-Kebap mit Salat

Zutaten

4 Hühnchenbrustfilets, in Streifen geschnitten
Saft von 1 Zitrone
2 EL Olivenöl
2 TL Kreuzkümmel
2 TL Paprikapulver
4 Tassen gemischter Salat (z.B. Rucola, Radicchio, Feldsalat, Gurke, Tomate)
Dressing nach Belieben

Zubereitung

Die Hühnchenbrustfiletstreifen mit Zitronensaft, Olivenöl, Kreuzkümmel und Paprikapulver marinieren und ca. 15 Minuten ziehen lassen.
Dann auf Spieße stecken und auf dem Grill von beiden Seiten ca. 5 Minuten garen.
Den Salat waschen und mit Dressing servieren.

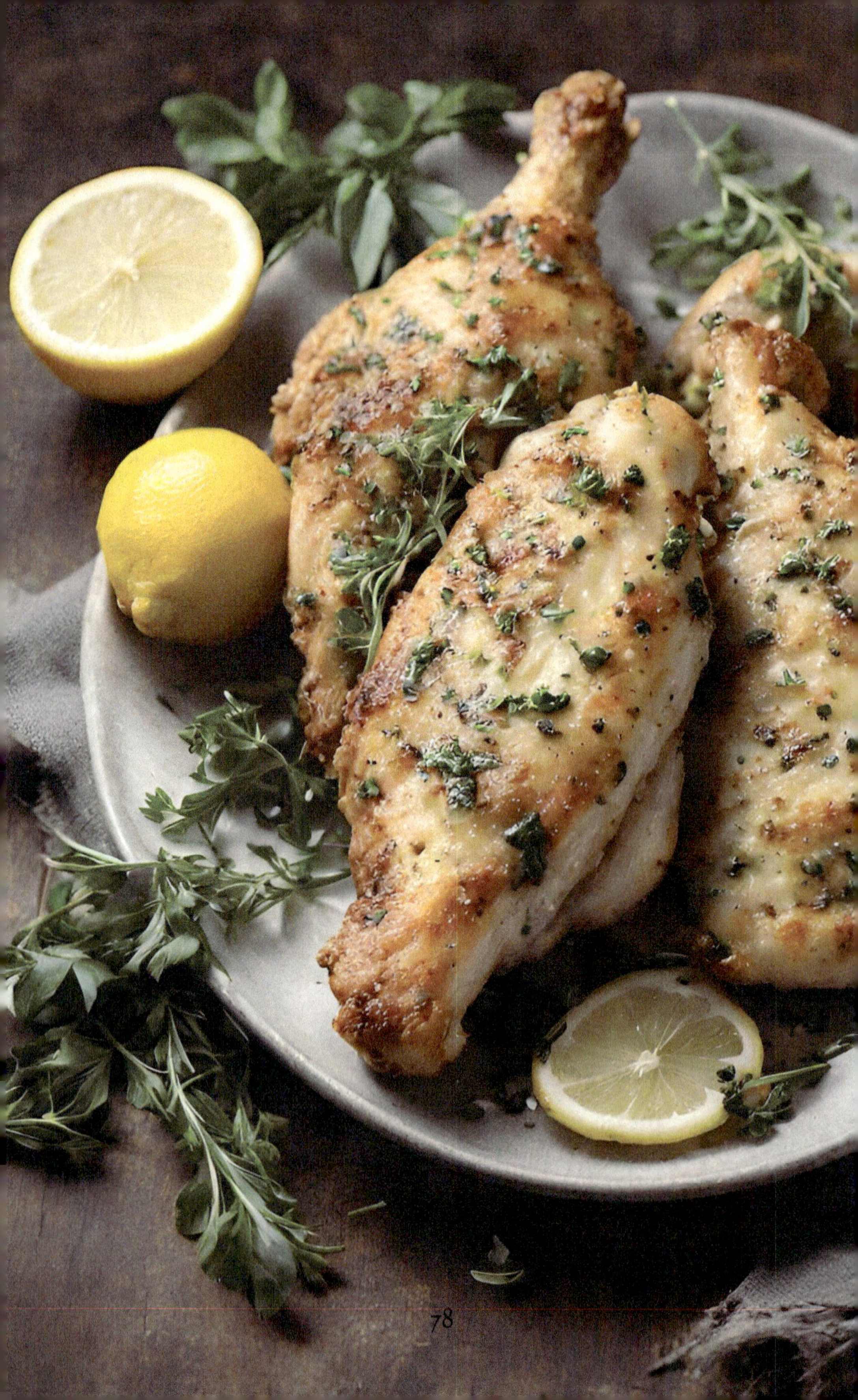

Hühnchen mit Kräuter-Marinade

Zutaten

4 Hühnchenbrustfilets
Saft von 2 Zitronen
2 Knoblauchzehen, gehackt
2 EL Olivenöl
2 TL gemischte Kräuter (z.B. Basilikum, Thymian, Oregano)

Zubereitung

Die Hühnchenbrustfilets mit der Marinade aus Zitronensaft, Knoblauch, Olivenöl und Kräutern mischen und ca. 15 Minuten ziehen lassen.
Dann in einer Pfanne von beiden Seiten goldbraun braten, bis sie gar sind.

80

Hühnchen mit mediterranem Gemüse

Zutaten

4 Hühnchenschenkel
2 Zucchini, in Scheiben geschnitten
2 Karotten, in Scheiben geschnitten
1 rote Paprika, in Streifen geschnitten
1 gelbe Paprika, in Streifen geschnitten
1 Zitrone, Saft und Schale
2 Knoblauchzehen, gehackt
2 EL Olivenöl
Salz, Pfeffer, Rosmarin und Thymian nach Geschmack

Zubereitung

Die Hühnchenschenkel in einer Auflaufform anordnen. Zucchini, Karotten, Paprika, Zitronensaft, Zitronenschale, Knoblauch, Olivenöl, Salz, Pfeffer, Rosmarin und Thymian vermengen und um die Hühnchenschenkel herum verteilen.
Bei 180°C im vorgeheizten Ofen 25-30 Minuten backen.

82

Hühnchen mit Ratatouille

Zutaten

4 Hühnchenbrustfilets
2 Zucchini, gewürfelt
1 Aubergine, gewürfelt
2 Paprika, gewürfelt
1 Zwiebel, gehackt
2 Knoblauchzehen, gehackt
Olivenöl
Salz und Pfeffer

Zubereitung

Die Hühnchenbrustfilets mit Salz und Pfeffer würzen und in einer Pfanne mit Olivenöl von beiden Seiten goldbraun braten.

Das gewürfelte Gemüse in einer separaten Pfanne mit Olivenöl, Zwiebeln und Knoblauch anbraten, bis es weich ist.

Das gebratene Hühnchen mit dem Ratatouille servieren.

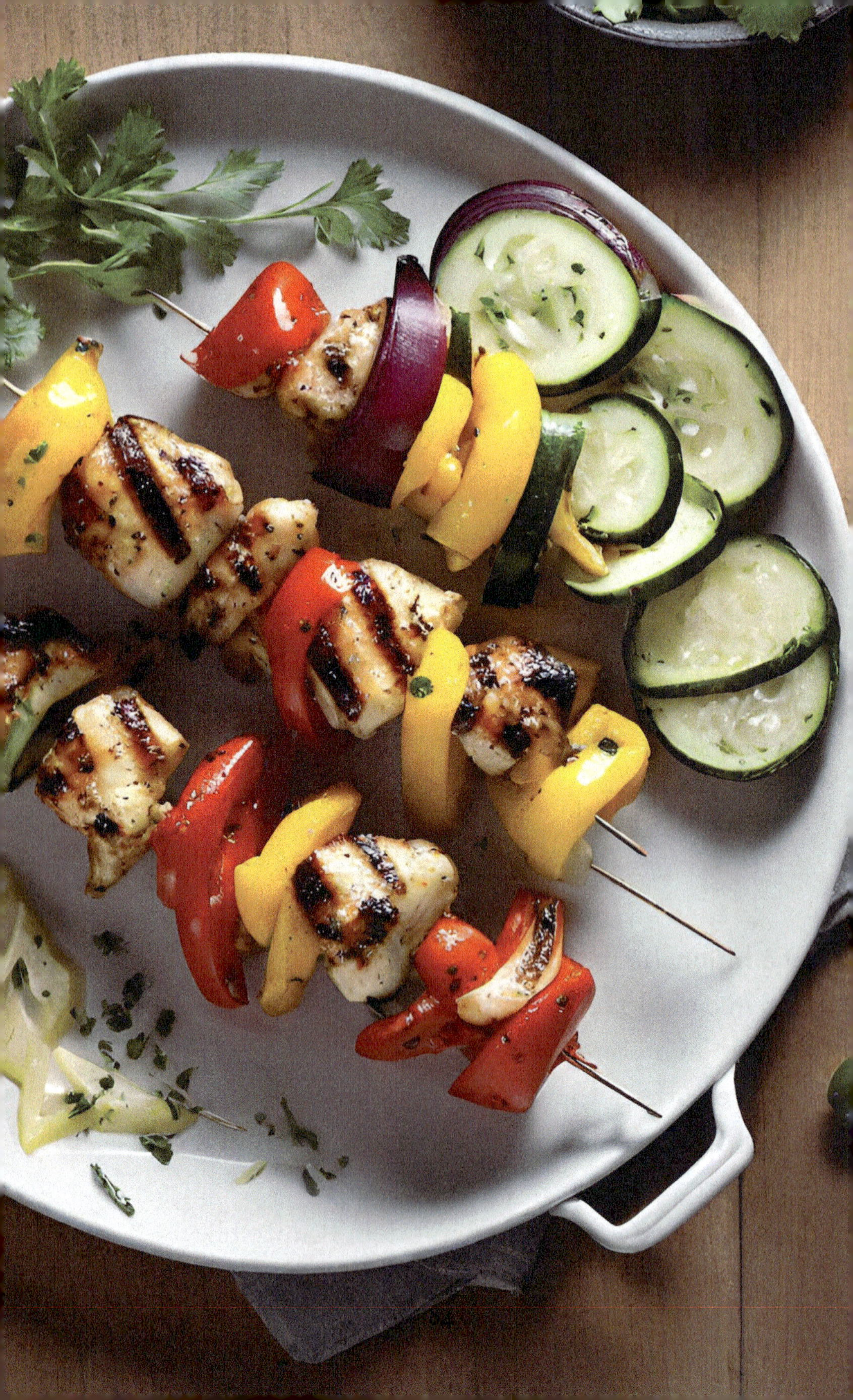

Hühnerspieß mit Gemüse

Zutaten

2 Hühnchenbrustfilets, in Würfel geschnitten
1 rote Paprika, in Stücke geschnitten
1 gelbe Paprika, in Stücke geschnitten
1 Zucchini, in Scheiben geschnitten
1 Zwiebel, in Stücke geschnitten
2 Knoblauchzehen, gehackt
2 EL Olivenöl
Saft einer Zitrone
Salz und Pfeffer nach Geschmack

Zubereitung

Hühnchenbrustwürfel in Olivenöl, Zitronensaft, Salz und Pfeffer marinieren und ca. 15 Minuten ziehen lassen.

Hühnchenbrust, Paprika, Zucchini und Zwiebel abwechselnd auf Grillspieße stecken.

Auf dem Grill oder in einer Grillpfanne ca. 10 Minuten grillen, bis das Hühnchen durchgegart ist.

Mit Knoblauchöl beträufeln und sofort servieren.

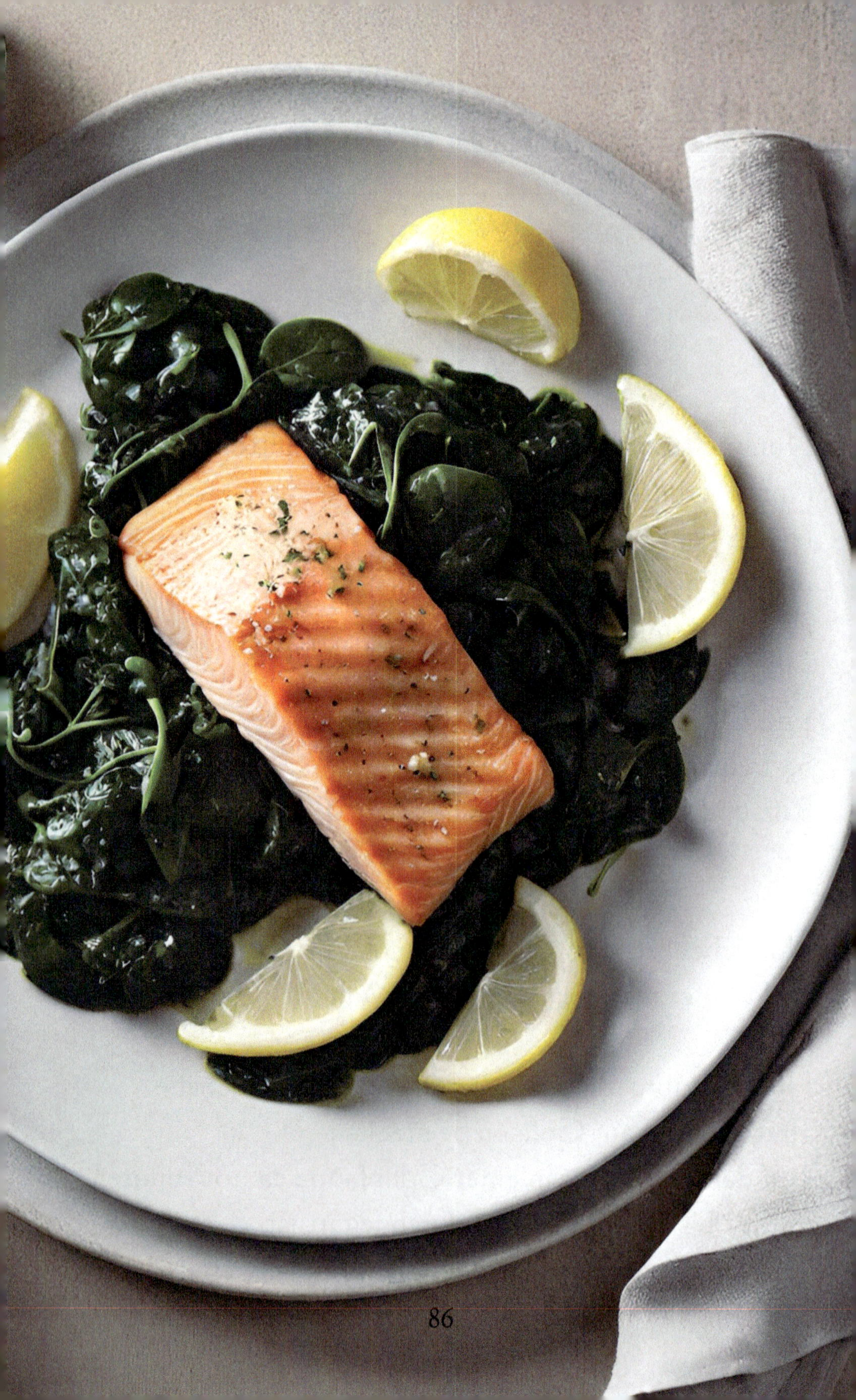

Lachsfilet mit gedünstetem Spinat

Zutaten

4 Lachsfilets
Saft von 1 Zitrone
2 EL Olivenöl
Salz und Pfeffer
400 g frischer Spinat

Zubereitung

Die Lachsfilets mit Zitronensaft, Olivenöl, Salz und Pfeffer marinieren und ca. 10 Minuten ziehen lassen. Dann auf dem Grill von beiden Seiten ca. 5 Minuten garen.
Den Spinat in einem Topf mit etwas Olivenöl und Knoblauch dünsten bis er zusammenfällt.

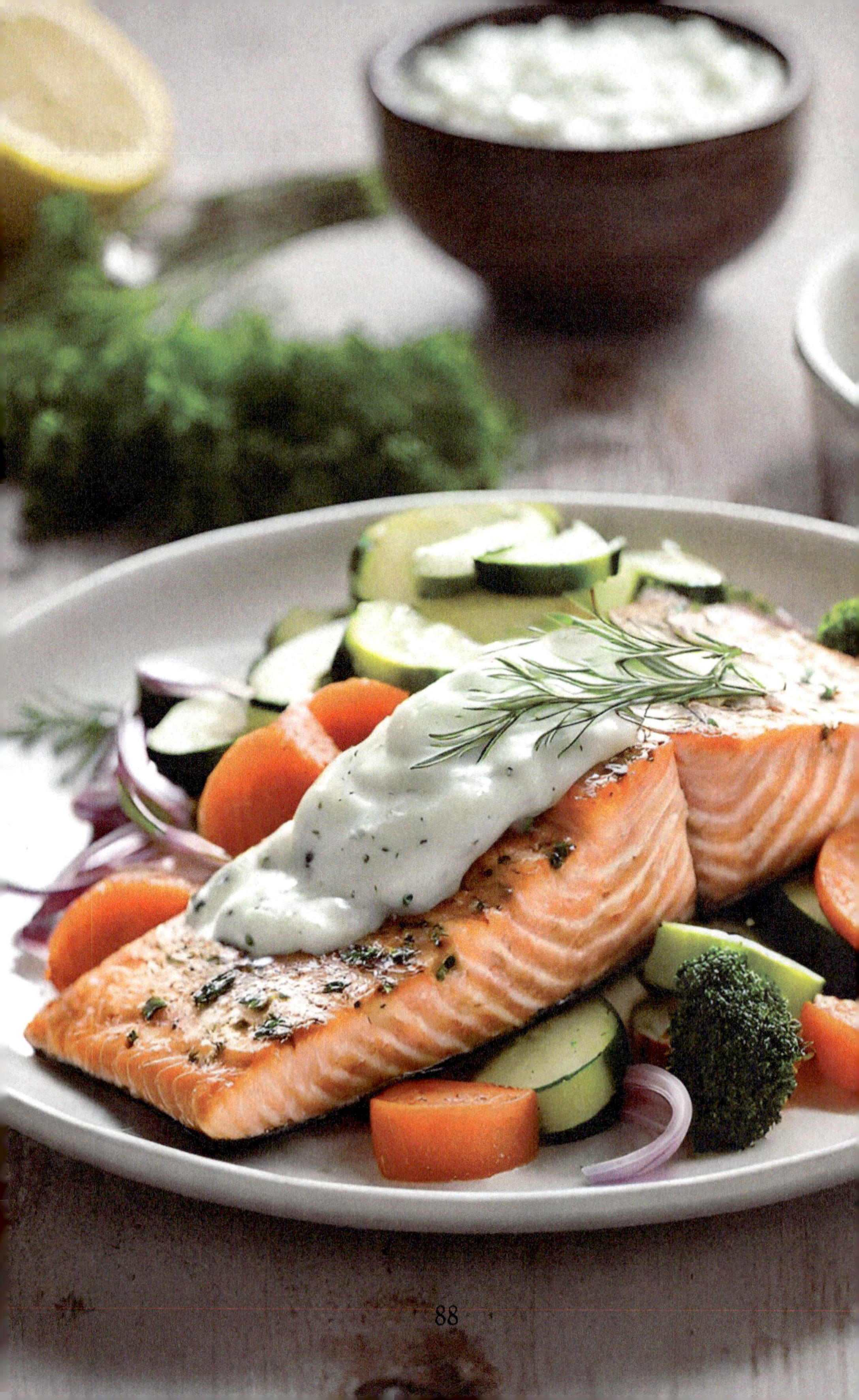

Lachs-Gemüse-Päckchen

Zutaten

4 Lachsfilets
2 Karotten, in Scheiben geschnitten
1 Zucchini, in Scheiben geschnitten
1 rote Zwiebel, in Streifen geschnitten
2 EL Olivenöl
2 Knoblauchzehen, gehackt
Saft einer Zitrone, Salz, Pfeffer

Zubereitung

Lachsfilets auf jeweils ein Stück Backpapier legen. Karotten, Zucchini, Zwiebel und Knoblauch in einer Schüssel vermischen und mit Olivenöl, Zitronensaft, Salz und Pfeffer würzen.
Das Gemüse gleichmäßig auf die Lachsfilets verteilen und die Päckchen verschließen.
Die Päckchen auf ein Backblech legen und im vorgeheizten Ofen bei 180 Grad Celsius ca. 20 Minuten backen, bis der Lachs gar ist.

90

Linsencurry mit Kokosmilch

Zutaten

300 g rote Linsen
1 Zwiebel, gehackt
2 Knoblauchzehen, gehackt
1 EL Ingwer, gehackt
1 Dose Kokosmilch
1 TL Kurkuma
1 TL Kreuzkümmel
1 TL Paprika
Salz und Pfeffer nach Geschmack

Zubereitung

Die Zwiebel, den Knoblauch und den Ingwer in einer Pfanne anbraten.
Die Linsen hinzufügen und mit Wasser bedecken.
Zum Kochen bringen und dann auf niedrige Hitze reduzieren.
Die Kokosmilch und die Gewürze hinzufügen und 20-25 Minuten köcheln lassen, bis die Linsen weich sind.

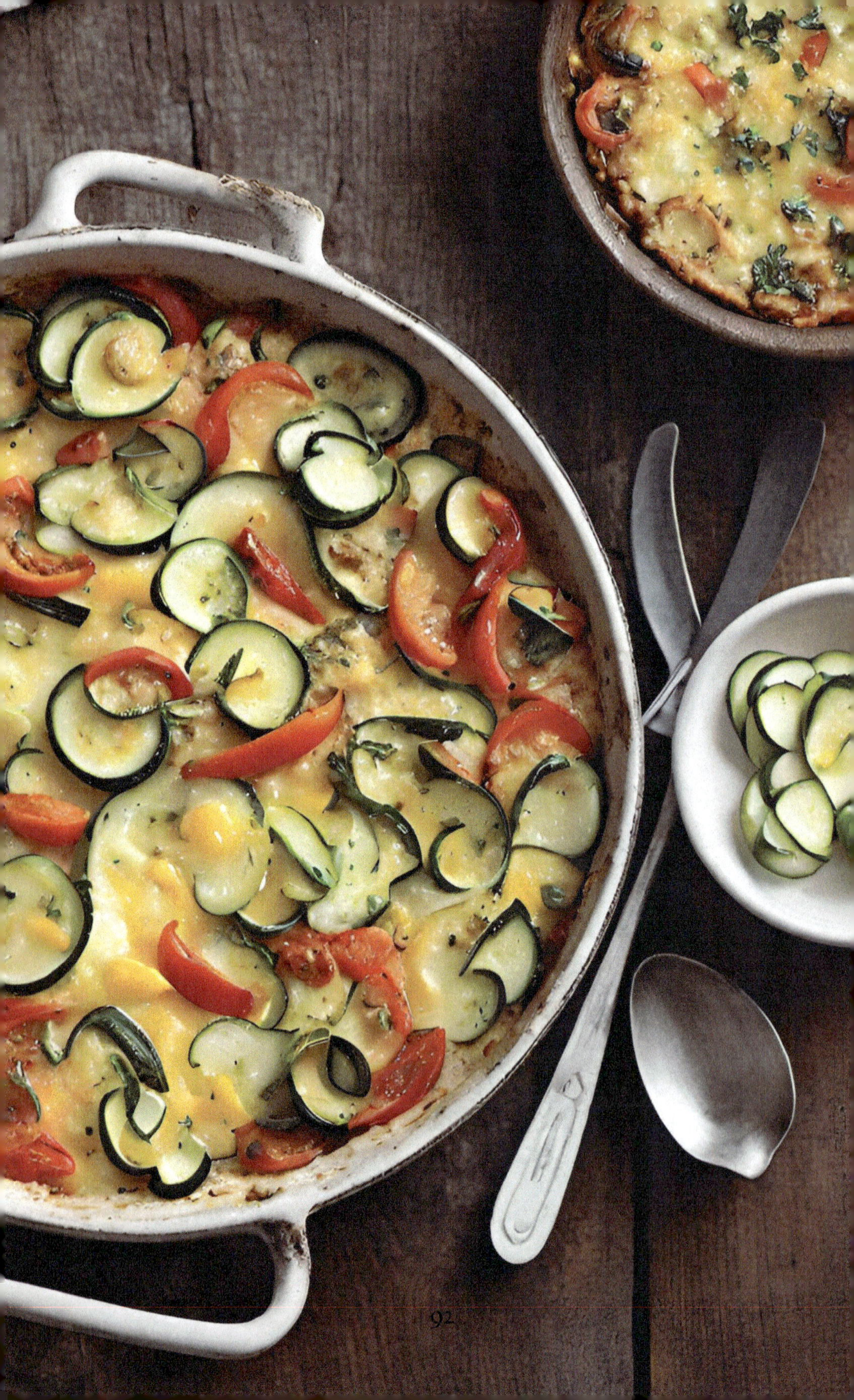

Mediterraner Gemüse-Ei-Auflauf

Zutaten

6 Eier
1 Zucchini, in Scheiben geschnitten
1 rote Paprika, in Streifen geschnitten
1 gelbe Paprika, in Streifen geschnitten
1 Zwiebel, gehackt
2 Knoblauchzehen, gehackt
2 EL Olivenöl
1 TL getrockneter Oregano
Salz und Pfeffer nach Geschmack

Zubereitung

Zucchini, Paprika, Zwiebel und Knoblauch in Olivenöl anbraten, bis das Gemüse weich ist.
Eier in einer Schüssel aufschlagen und verquirlen.
Mit Oregano, Salz und Pfeffer würzen.
Das angebratene Gemüse in eine Auflaufform geben und die verquirlten Eier darüber gießen.
Im vorgeheizten Ofen bei 180 Grad Celsius 20-25 Minuten backen, bis der Auflauf gestockt ist

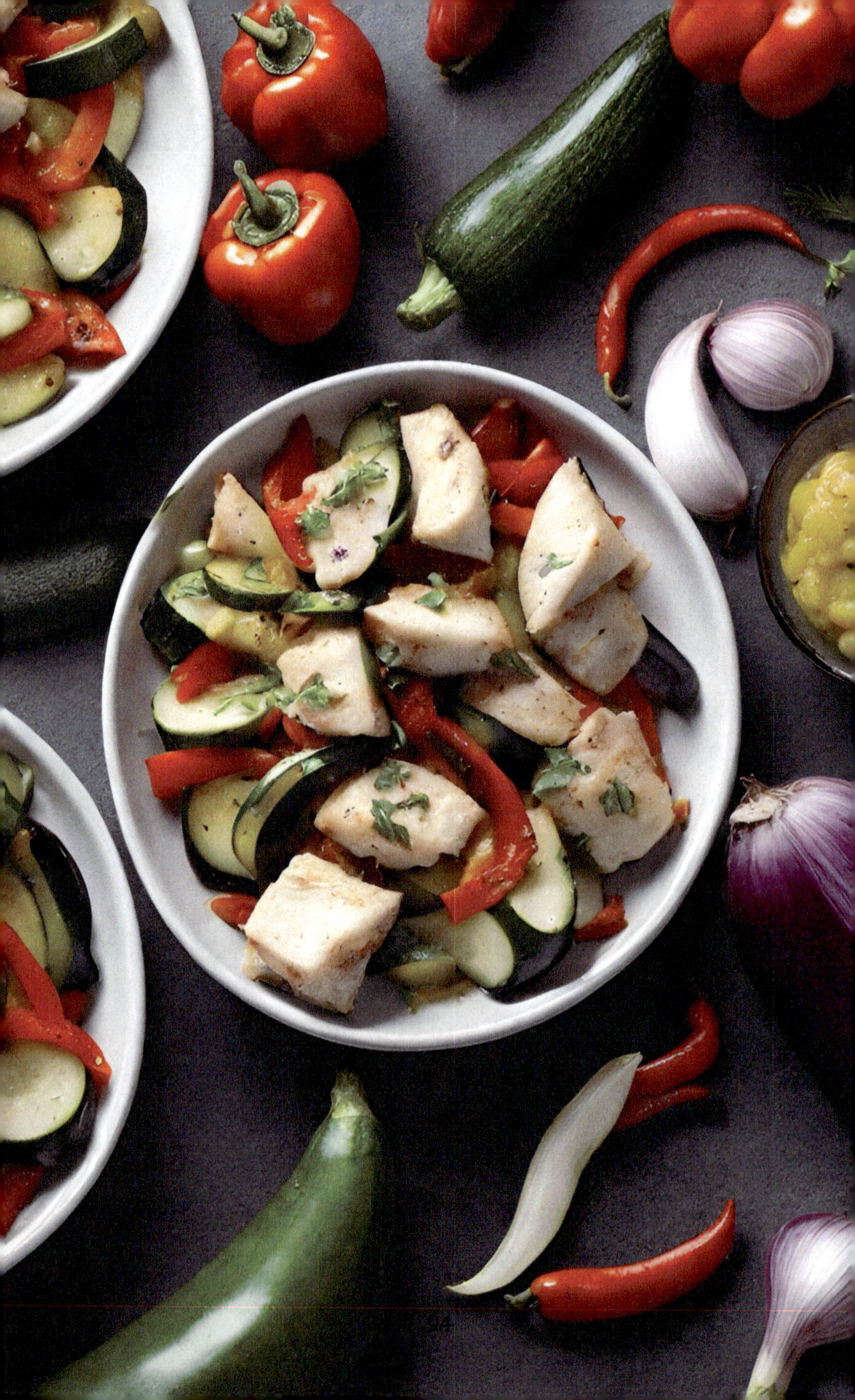

Ofengemüse mit Hühnchenbrust

Zutaten

4 Hühnchenbrustfilets
2 Zucchini, in dünne Scheiben geschnitten
2 rote Paprika, in Streifen geschnitten
1 Aubergine, in Würfel geschnitten
1 Zwiebel, in Scheiben geschnitten
4 EL Olivenöl
1 TL Paprikapulver
1 TL Kreuzkümmel
Salz und Pfeffer nach Geschmack

Zubereitung

Die Hühnchenbrustfilets und des Gemüse in eine Auflaufform legen.

In einer kleinen Schüssel das Olivenöl, das Paprikapulver, den Kreuzkümmel, Salz und Pfeffer vermischen.

Das Öl-Gewürz-Gemisch über das Hühnchen und das Gemüse gießen.

Die Auflaufform in den Ofen geben und bei 200 Grad für ca. 25-30 Minuten backen, bis das Hühnchen durchgegart ist und das Gemüse weich ist.

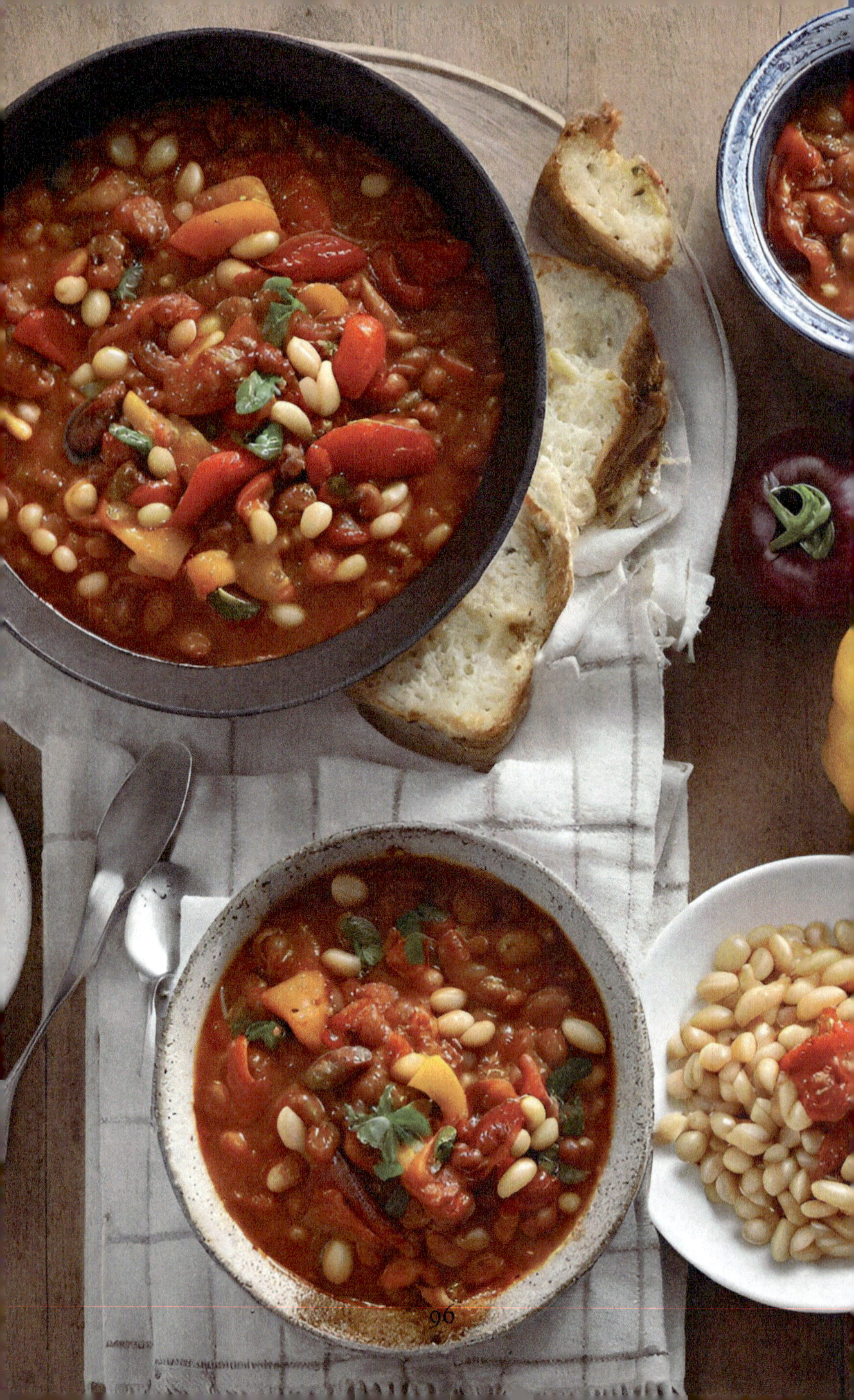

Paprika-Bohnen-Eintopf

Zutaten

2 rote Paprika, gewürfelt
2 gelbe Paprika, gewürfelt
1 Zwiebel, gewürfelt
2 Knoblauchzehen, gehackt
2 TL Olivenöl
400 g weiße Bohnen, abgespült und abgetropft
400 g gehackte Tomaten
500 ml Gemüsebrühe
1 TL Rosmarin
1 TL Oregano
Salz und Pfeffer nach Geschmack

Zubereitung

Die Paprika, Zwiebel und Knoblauch in einem großen Topf mit Olivenöl anbraten.

Die weißen Bohnen, gehackte Tomaten, Gemüsebrühe, Rosmarin, Oregano, Salz und Pfeffer hinzufügen.

Alles zum Kochen bringen, dann auf niedrige Hitze reduzieren und für 20 Minuten köcheln lassen.

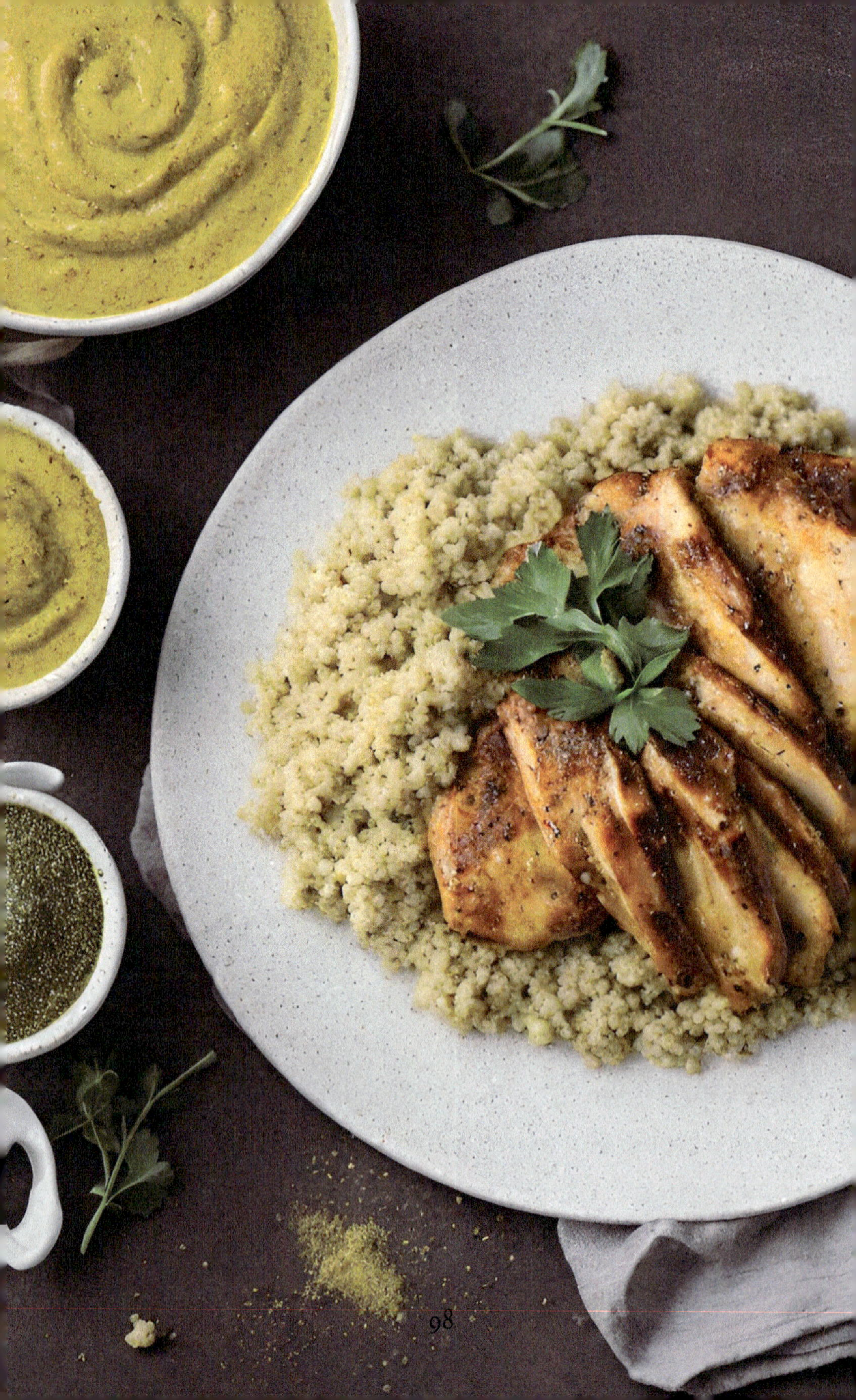

Pute mit Curry und Quinoa

Zutaten

4 Putenbrustfilets, in Streifen geschnitten
2 Tassen Quinoa
5 Knoblauchzehen, gepresst
! EL Currypulver
1 TL Kurkuma
1 TL Senf
6 EL Olivenöl
Salz, Pfeffer

Zubereitung

Den Quinoa laut Packungsbeilage kochen.
Die geschnittene Pute mit Currypulver, Kurkuma Knoblauch, Senf, Olivenöl, Salz und Pfeffer marinieren und ca. 10 Minuten ziehen lassen.
Die marinierte Pute in einer Pfanne goldbraun anbraten, dann den Quinoa hinzufügen und gut vermengen.

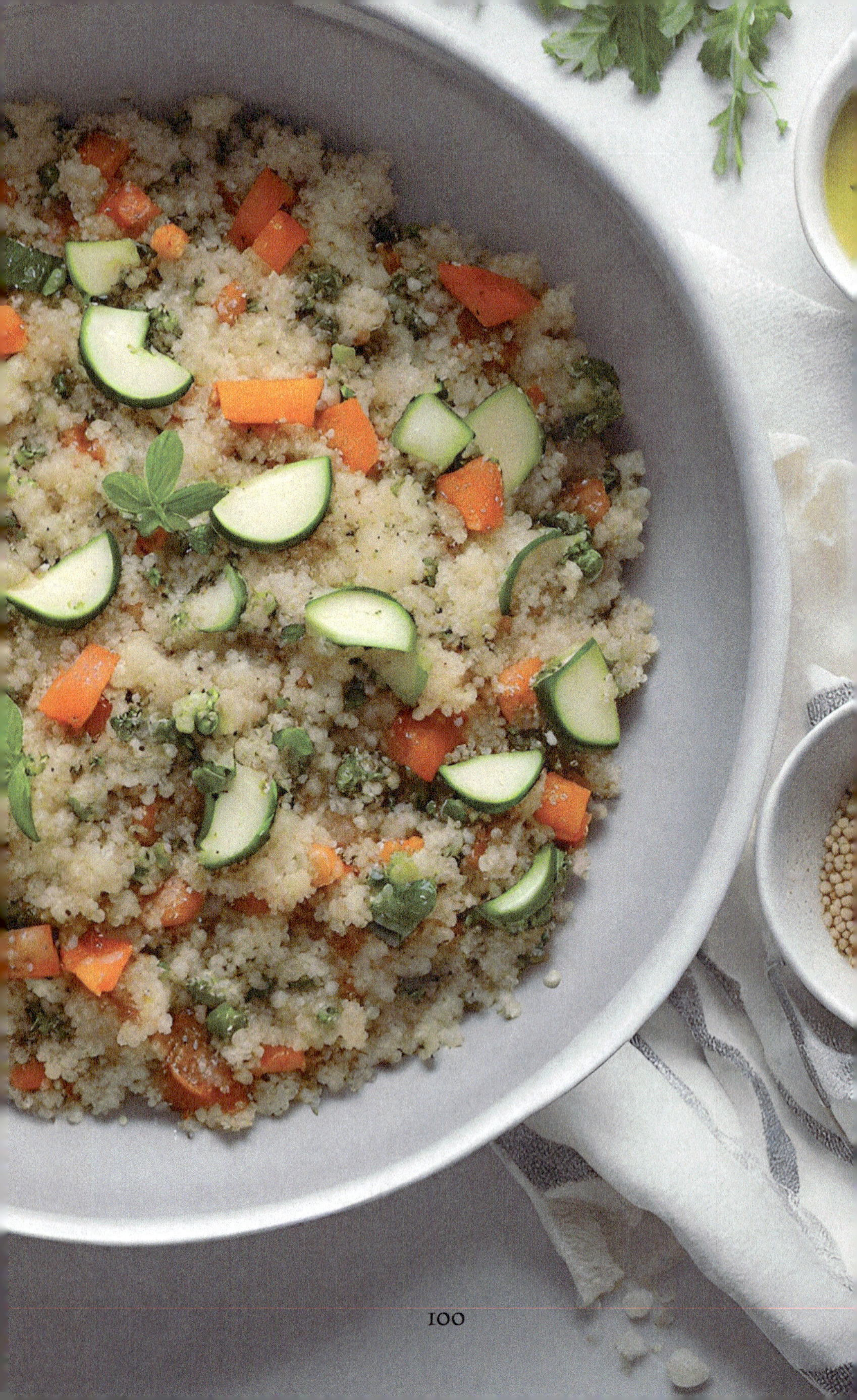

Quinoa-Gemüsepfanne

Zutaten

2 Tassen Quinoa
1 Zwiebel, gehackt
2 Knoblauchzehen, gehackt
2 Karotten, gewürfelt
1 Zucchini, gewürfelt
1 Paprika, gewürfelt
Olivenöl
Salz und Pfeffer

Zubereitung

Den Quinoa nach Packungsanweisung kochen.
Die Zwiebel und den Knoblauch in einer Pfanne mit Olivenöl anbraten.
Das restliche Gemüse hinzufügen und ca. 10 Minuten braten, bis es weich ist.
Den gekochten Quinoa unter das Gemüse mischen und mit Salz und Pfeffer abschmecken.

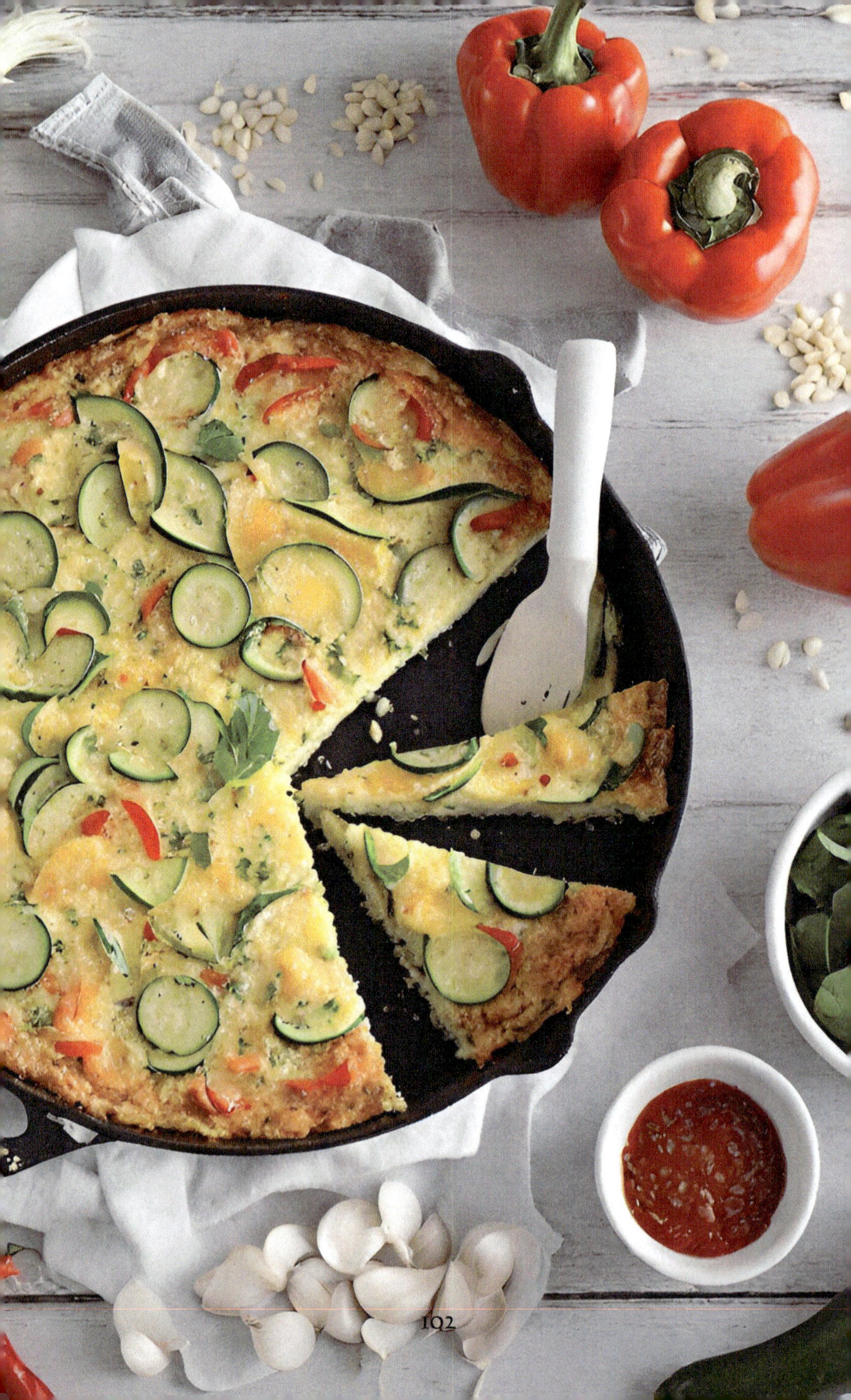

Quinoa-Fritatta mit Gemüse

Zutaten

1 Tasse Quinoa, gekocht
4 Eier
1 rote Paprika, in Streifen geschnitten
1 gelbe Paprika, in Streifen geschnitten
1 Zucchini, in Scheiben geschnitten
1 Zwiebel, gehackt
2 Knoblauchzehen, gehackt
2 EL Olivenöl
Salz und Pfeffer nach Geschmack

Zubereitung

Paprika, Zucchini, Zwiebel und Knoblauch in Olivenöl anbraten, bis das Gemüse weich ist.

In einer separaten Schüssel Eier aufschlagen und verquirlen. Mit Salz und Pfeffer würzen.

Das gekochte Quinoa und das angebratene Gemüse zum Eiermix geben und gut vermischen.

Die Mischung in eine Pfanne geben und bei mittlerer Hitze stocken lassen.

Im vorgeheizten Ofen bei 180 Grad Celsius ca. 20 Minuten backen, bis die Frittata goldbraun ist.

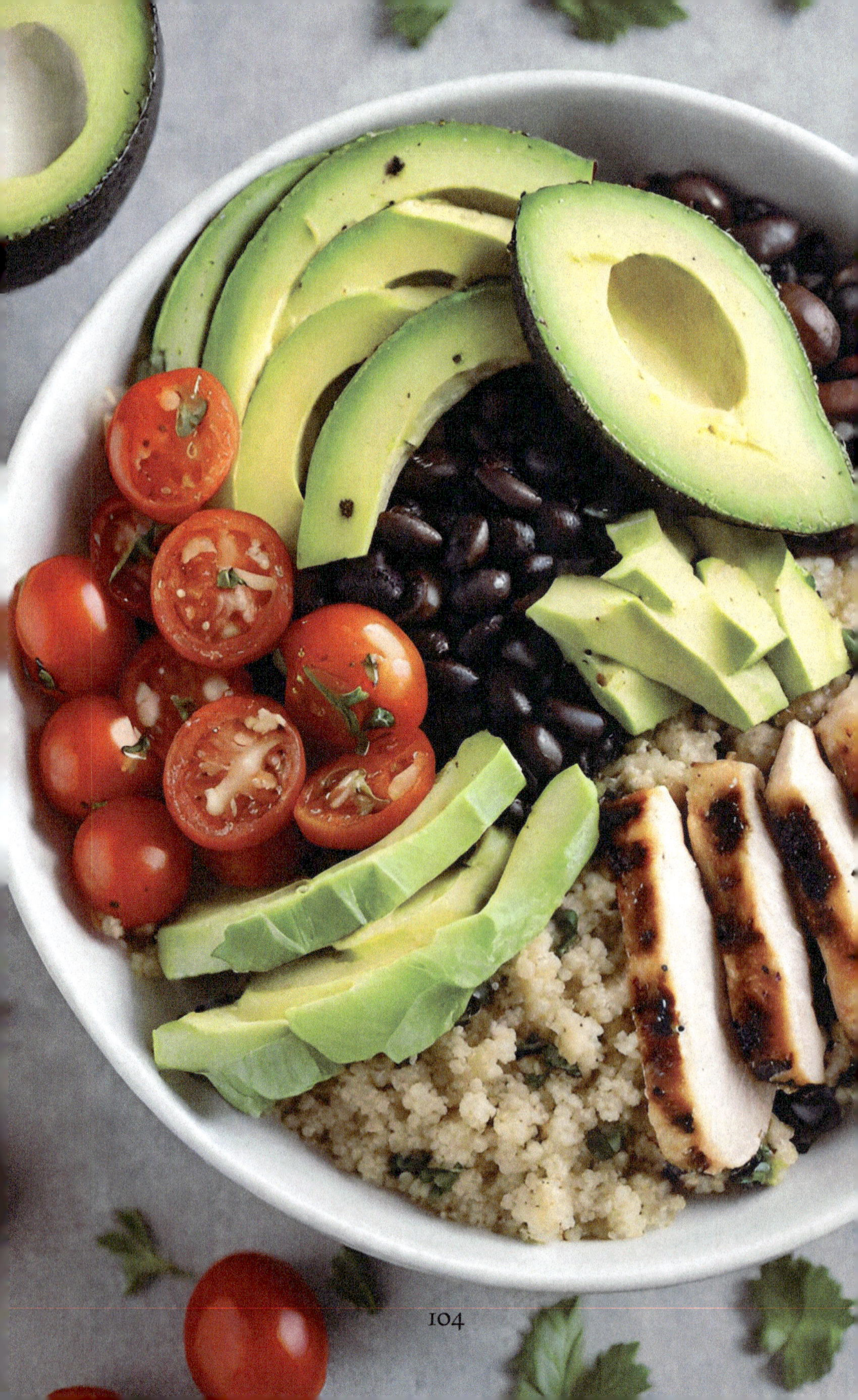

Quinoa mit Hühnchen und Avocado

Zutaten

2 Tassen gekochte Quinoa
2 Hühnchenbrustfilets, gegrillt und in Streifen geschnitten
1 Avocado, gewürfelt
1/2 Tasse Kirschtomaten, halbiert
1/4 Tasse schwarze Bohnen, abgespült und abgetropft
1/4 Tasse Maiskörner
2 EL Limettensaft
2 EL Olivenöl
Salz und Pfeffer nach Geschmack

Zubereitung

In einer großen Schüssel die gekochte Quinoa, das gegrillte Hühnchen, die Avocado, die Kirschtomaten, die schwarzen Bohnen und die Maiskörner vermengen. Für das Dressing den Limettensaft, das Olivenöl, Salz und Pfeffer in einer kleinen Schüssel vermischen.
Das Dressing über die Quinoa-Mischung geben und alles gut vermengen.

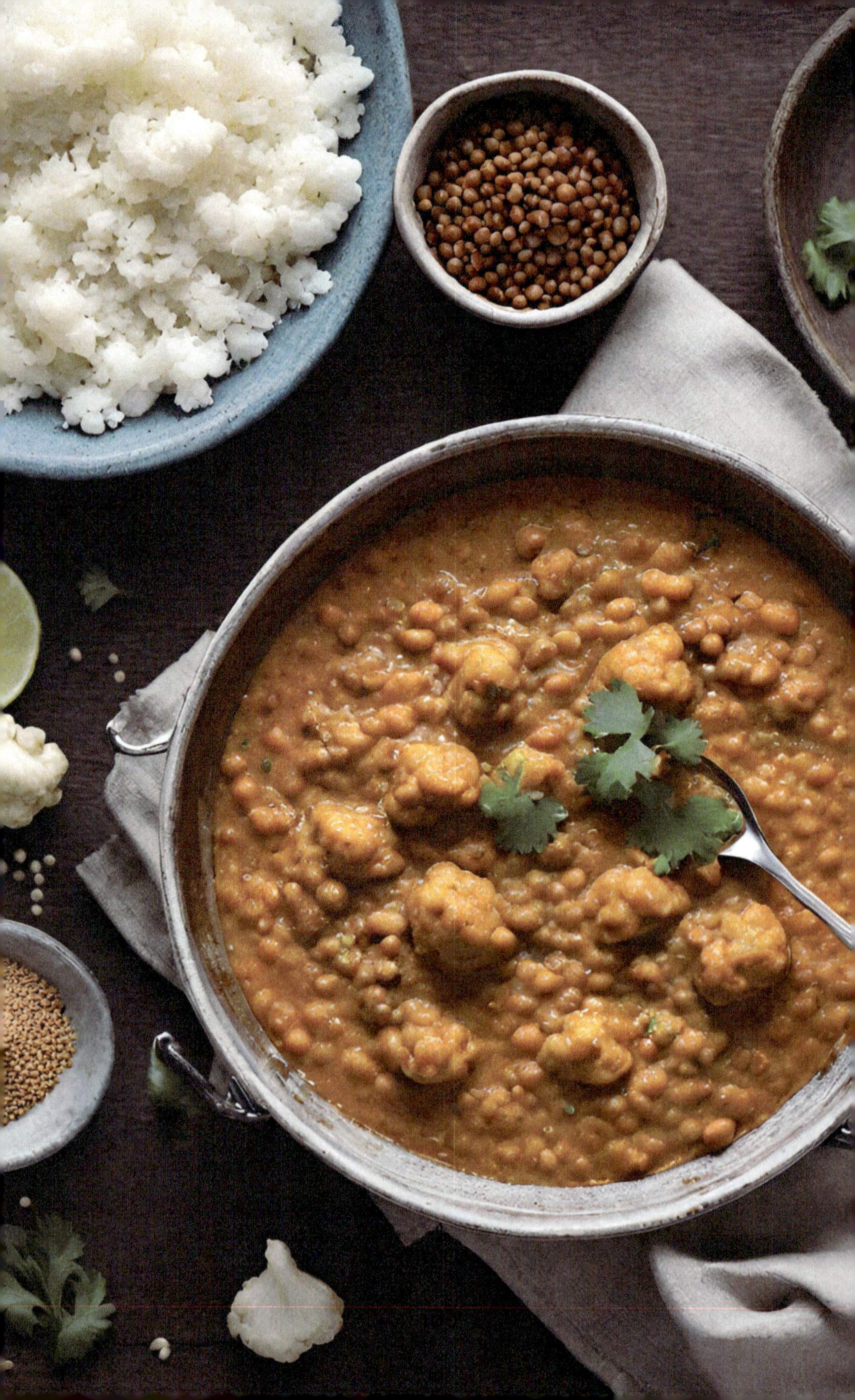

Rotes-Linsen-Curry mit Karfiol

Zutaten

2 Tassen rote Linsen
1 Zwiebel, gehackt
2 Knoblauchzehen, gehackt
2 EL Currypulver
400 g Kokosmilch
1 kleiner Blumenkohl, in kleine Röschen zerteilt
Salz und Pfeffer

Zubereitung

Die Linsen nach Packungsanweisung kochen.
Die Zwiebeln und den Knoblauch in einem Topf mit etwas Olivenöl anbraten.
Das Currypulver hinzufügen und kurz mit anbraten.
Die Kokosmilch, Blumenkohl, Linsen, Salz und Pfeffer hinzufügen und ca. 15 Minuten köcheln lassen, bis der Blumenkohl weich ist.

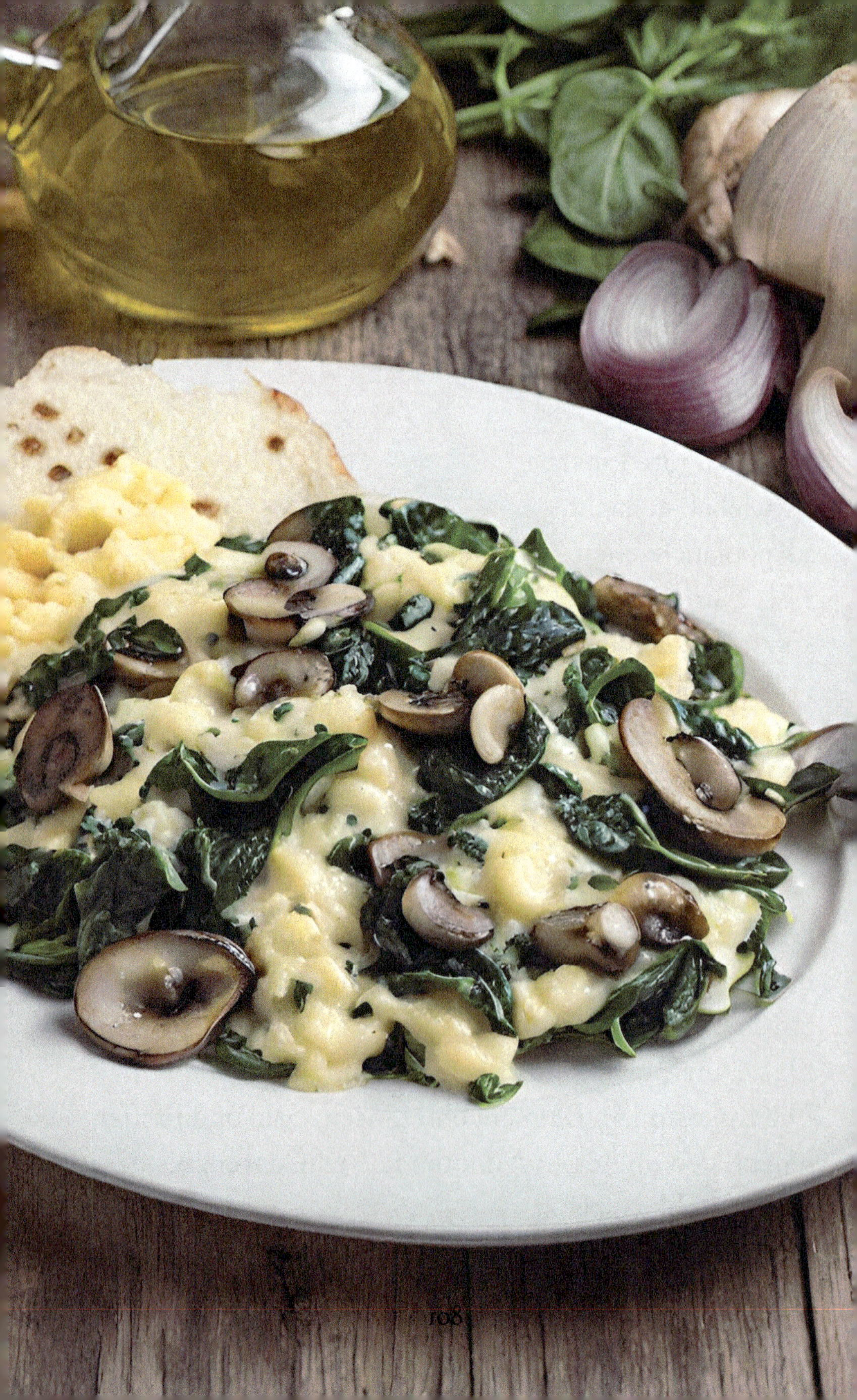

Rührei mit Spinat und Champignons

Zutaten

4 Eier
2 Handvoll Spinat
200g Champignons, in Scheiben geschnitten
1 Zwiebel, gehackt
2 Knoblauchzehen, gehackt
2 EL Olivenöl
Salz und Pfeffer nach Geschmack

Zubereitung

Spinat, Champignons, Zwiebel und Knoblauch in Olivenöl anbraten, bis das Gemüse weich ist.
Eier in einer Schüssel aufschlagen und verquirlen. Mit Salz und Pfeffer würzen.
Die Eier über das angebratene Gemüse gießen und unter ständigem Rühren stocken lassen.

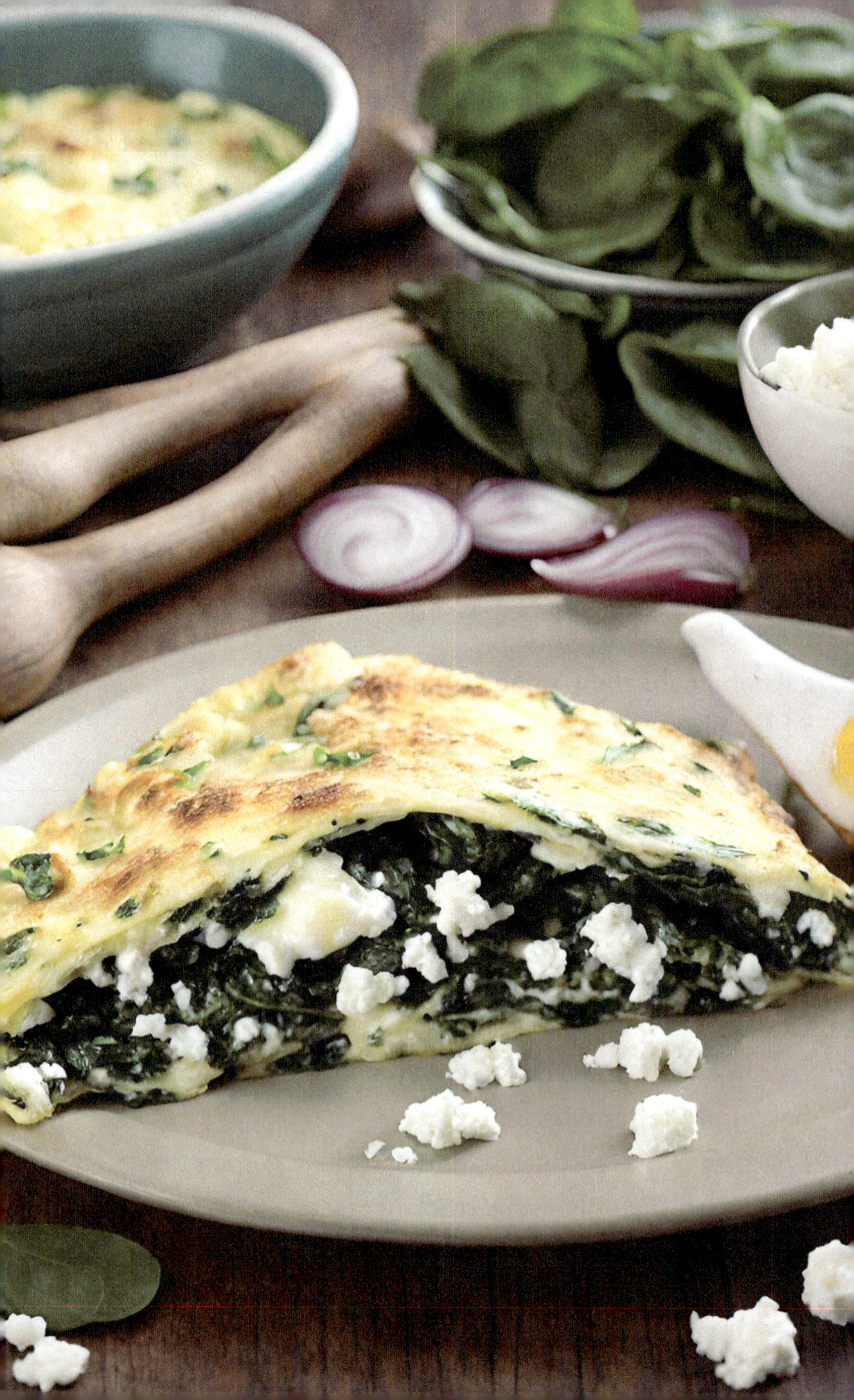

Spinat-Feta-Omlett

Zutaten

6 Eier
200 g Spinat, gewaschen und gehackt
100 g Feta-Käse, zerbröselt
1 Zwiebel, gehackt
2 Knoblauchzehen, gehackt
2 EL Olivenöl
Salz, Pfeffer und Muskatnuss nach Geschmack

Zubereitung

Die Zwiebel und den Knoblauch in einer Pfanne anbraten. Spinat hinzufügen und kurz anbraten, bis er zusammenfällt.
Eier in einer Schüssel verquirlen und zum Spinat geben.
Feta-Käse unterrühren.
Mit Salz, Pfeffer und Muskatnuss würzen.
Die Eimasse in die Pfanne geben und bei mittlerer Hitze stocken lassen.

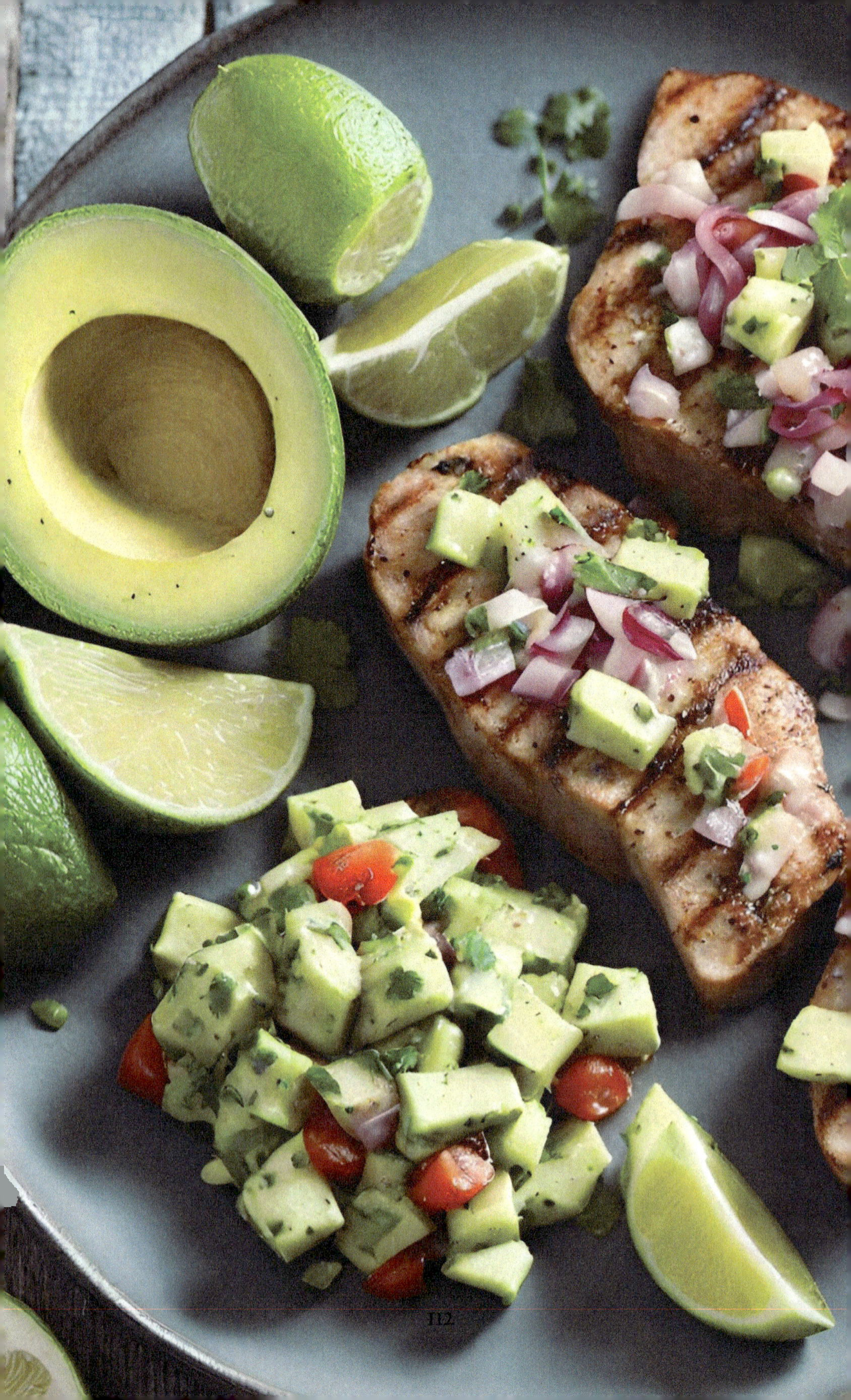

Thunfischsteak mit Avokado

Zutaten

4 Thunfischsteaks
2 reife Avocados, gewürfelt
1 Tomate, gewürfelt
1 rote Zwiebel, gehackt
Saft von 1 Limette
2 EL frischer Koriander, gehackt
Salz und Pfeffer nach Geschmack

Zubereitung

Die Thunfischsteaks mit Salz und Pfeffer würzen.
Eine Grillpfanne erhitzen und die Steaks darin 2-3
Minuten auf jeder Seite grillen (für medium-rare).
In einer Schüssel die Avocado, Tomate, rote Zwiebel,
Limettensaft, Koriander, Salz und Pfeffer vermischen,
um die Salsa herzustellen.
Die Thunfischsteaks mit der Avocado-Salsa servieren.

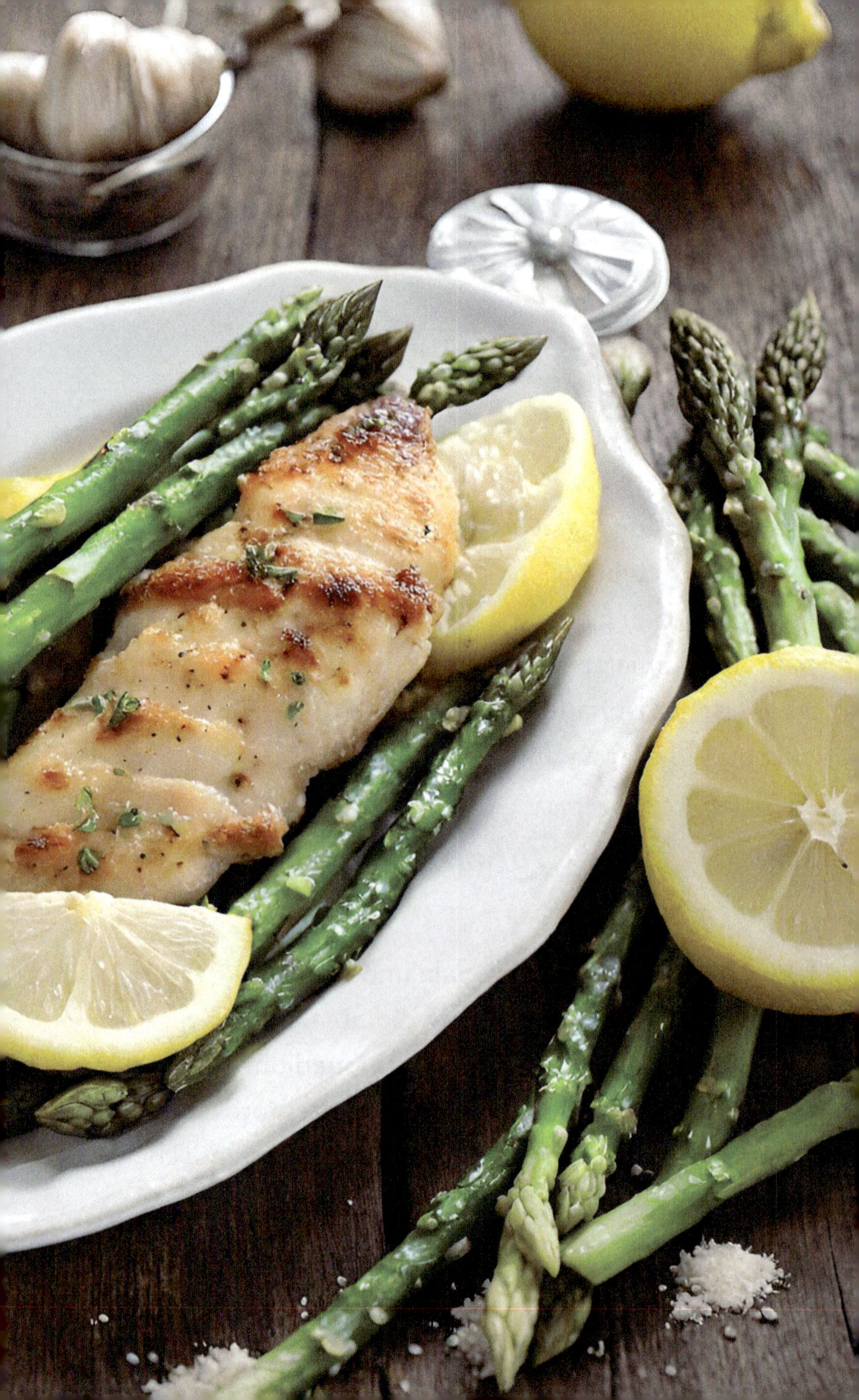

Zitronen-Hühnchen mit Spargel

Zutaten

4 Hühnchenbrustfilets
Saft von 2 Zitronen
2 Knoblauchzehen, gehackt
2 EL Olivenöl
Salz und Pfeffer
1 Bund grüner Spargel

Zubereitung

Die Hühnchenbrustfilets mit Zitronensaft, Knoblauch, Olivenöl, Salz und Pfeffer marinieren und ca. 15 Minuten ziehen lassen.

Dann in einer Pfanne von beiden Seiten goldbraun braten, bis sie gar sind.

Den grünen Spargel in etwas Olivenöl anbraten, bis er gar ist.

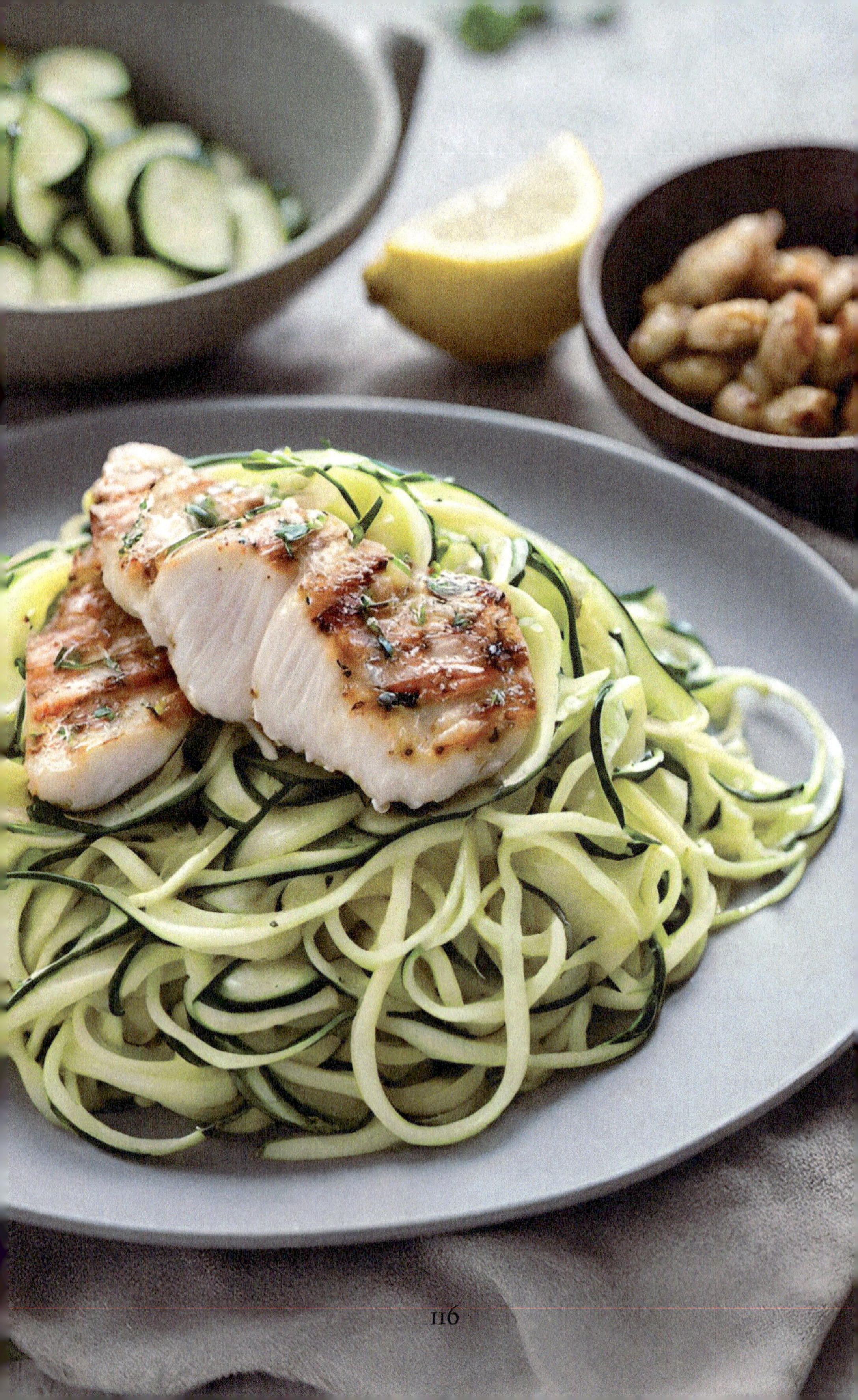

Zucchini-Nudeln mit Hühnchen

Zutaten

2 Zucchini, spiralisiert oder in dünne Streifen geschnitten
2 Hühnchenbrustfilets, in Streifen geschnitten
2 Knoblauchzehen, gehackt
2 EL Olivenöl
Saft einer Zitrone
1 TL gemahlener Kreuzkümmel
Salz und Pfeffer nach Geschmack

Zubereitung

Hühnchenbruststreifen in Olivenöl anbraten, bis sie durchgegart sind. Aus der Pfanne nehmen und beiseite stellen.

In derselben Pfanne Knoblauch anbraten, bis er duftet. Zucchini-Nudeln hinzufügen und 3-4 Minuten braten, bis sie weich sind.

Hühnchenbruststreifen zurück in die Pfanne geben und mit Zitronensaft, Kreuzkümmel, Salz und Pfeffer würzen. Gut vermischen und servieren.

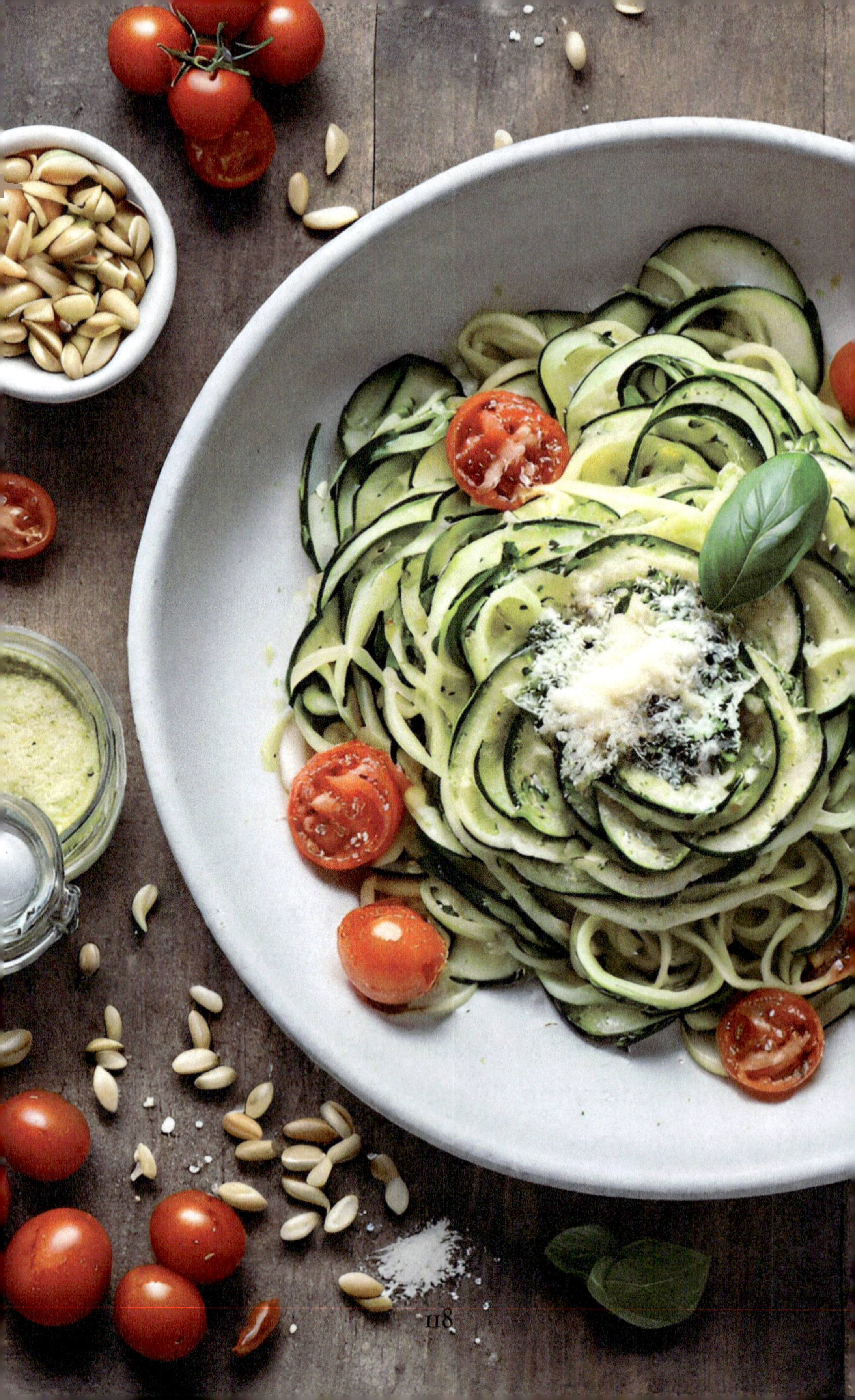

Zucchini-Nudeln mit Pesto

Zutaten

4 Zucchini, spiralisiert
400 g Kirschtomaten, halbiert
1 Handvoll Basilikumblätter
50 g Pinienkerne
2 Knoblauchzehen
50 g Parmesan, gerieben
3 EL Olivenöl
Salz und Pfeffer nach Geschmack

Zubereitung

Die Zucchininudeln in einer Pfanne mit etwas Olivenöl anbraten, bis sie weich sind.
Kirschtomaten halbieren und zu den Zucchininudeln geben. Für das Pesto Basilikum, Pinienkerne, Knoblauch, Parmesan, Olivenöl, Salz und Pfeffer in einem Mixer pürieren.
Das Pesto über die Zucchininudeln gießen und gut vermengen.

Süßes

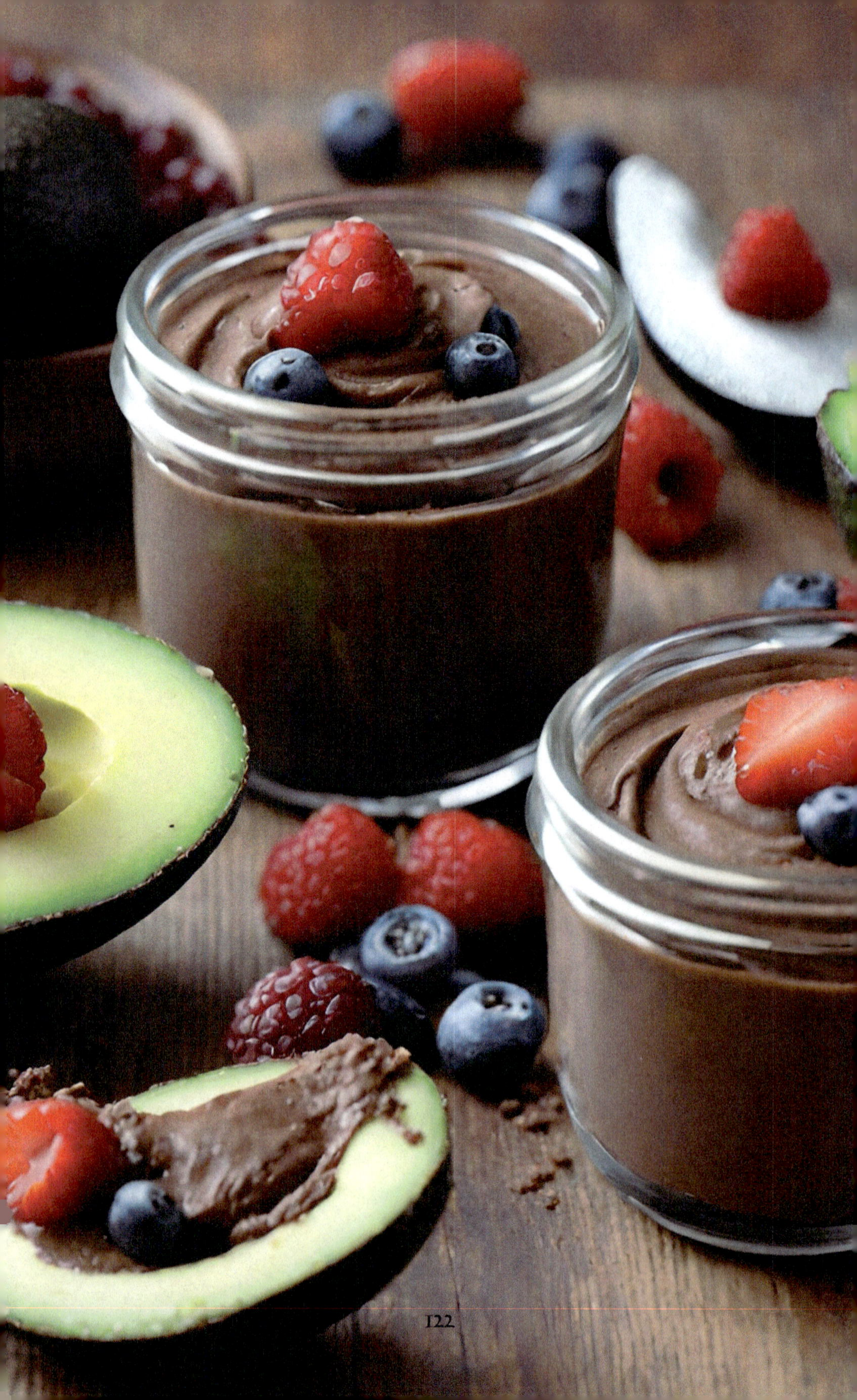

Avocado-Schokoladen-Mousse

Zutaten

2 reife Avocados, halbiert
4 EL ungesüßtes Kakaopulver
4 EL Ahornsirup
1 TL Vanilleextrakt
Prise Salz
Frische Beeren zum Garnieren

Zubereitung

Die Avocados , das Kakaopulver, Ahornsirup, Vanilleextrakt und Salz zu einer glatten Mousse mixen. Mit frischen Beeren garnieren.

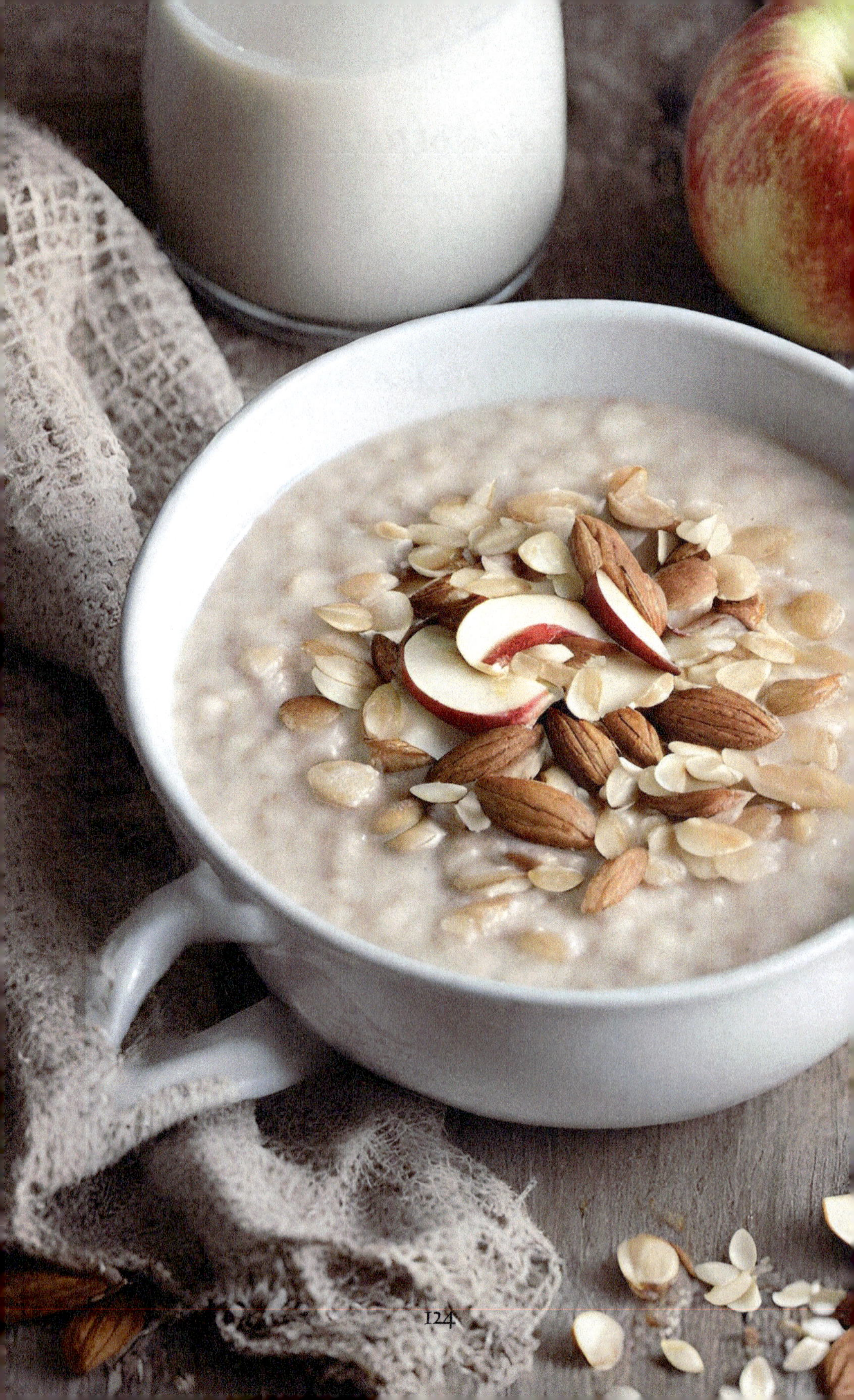

Apfel-Zimt-Porridge

Zutaten

100 g Haferflocken
400 ml Mandelmilch
1 Apfel, gewürfelt
2 EL Ahornsirup
1 TL Zimt
Handvoll gehackte Mandeln

Zubereitung

Die Haferflocken zusammen mit der Mandelmilch in einem Topf erhitzen und unter ständigem Rühren aufkochen lassen.

Den gewürfelten Apfel, Ahornsirup und Zimt hinzufügen.

Das Porridge für ca. 5 Minuten köcheln lassen, bis es die gewünschte Konsistenz erreicht hat.

Mit gehackten Mandeln garnieren.

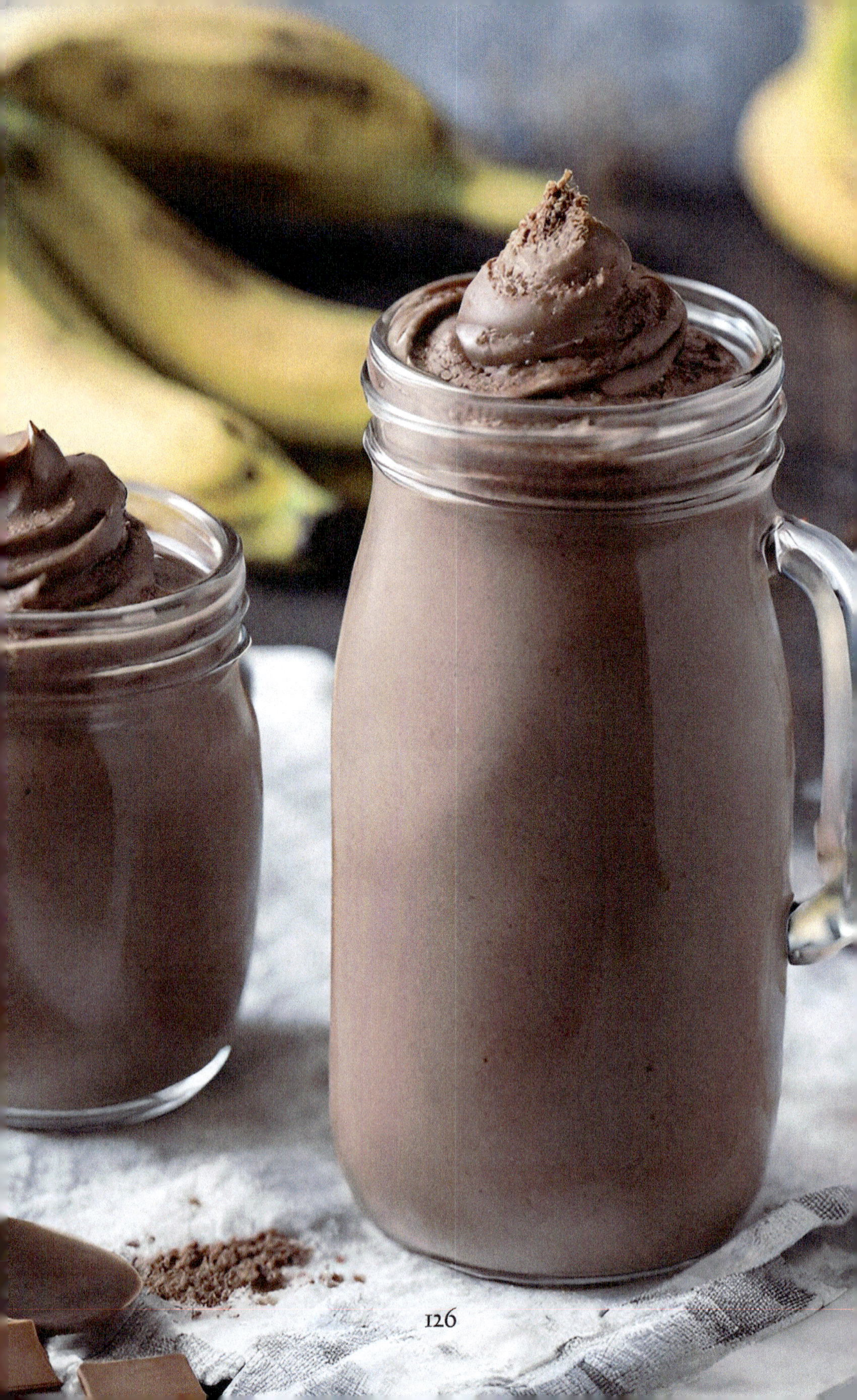

Bananen-Schoko-Nicecream

Zutaten

4 gefrorene Bananen, gestückelt
2 Esslöffel ungesüßtes Kakaopulver
1 Teelöffel Vanilleextrakt
100 ml Mandelmilch (alternativ: eine andere pflanzliche Milch oder normale Milch)

Zubereitung

Die Bananenstücke, das Kakaopulver, den Vanilleextrakt und die Mandelmilch mixen bis eine cremige Konsistenz erreicht ist.
Du kannst nach Bedarf mehr Milch hinzufügen, falls die Masse zu dick ist.
Du kannst die Nicecream nach Belieben mit Früchten, Nüssen oder Schokoladenstreuseln garnieren.

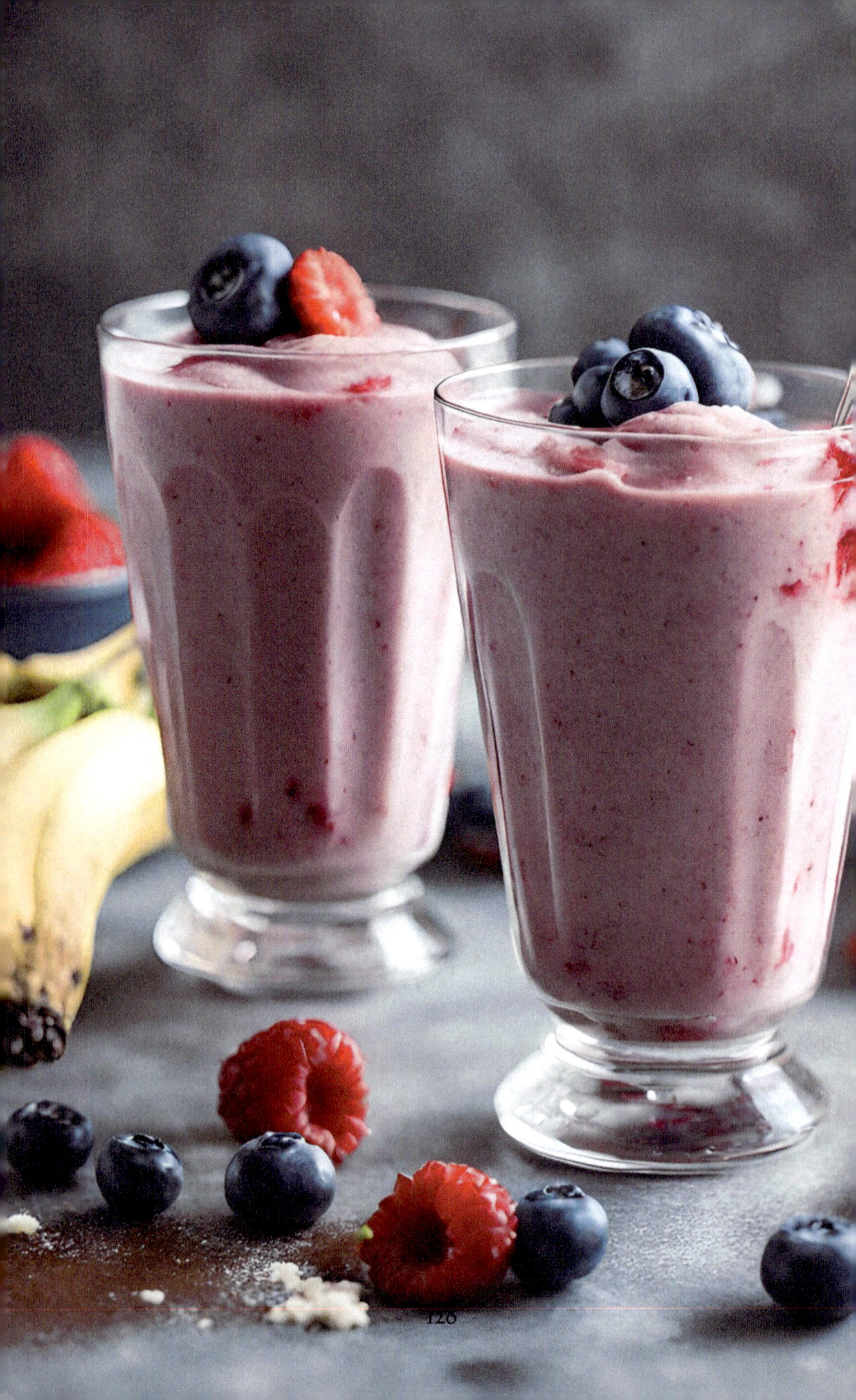

Beeren-Vanille-Nicecream

Zutaten

2 Tassen gefrorene gemischte Beeren (z.B. Himbeeren, Heidelbeeren, Erdbeeren)
2 reife Bananen
1 Teelöffel Vanilleextrakt
100 ml Mandelmilch (alternativ: eine andere pflanzliche Milch oder normale Milch)
Optional: 1 Esslöffel Chiasamen

Zubereitung

Die gefrorenen Beeren, die Bananen, das Vanilleextrakt und die Mandelmilch mixen bis eine cremige Konsistenz erreicht ist.

Falls die Masse zu dick ist, gib nach Bedarf mehr Milch hinzu.

Du kannst die Nicecream nach Belieben mit Chiasamen, frischen Beeren, Kokosraspeln oder gehackten Nüssen garnieren.

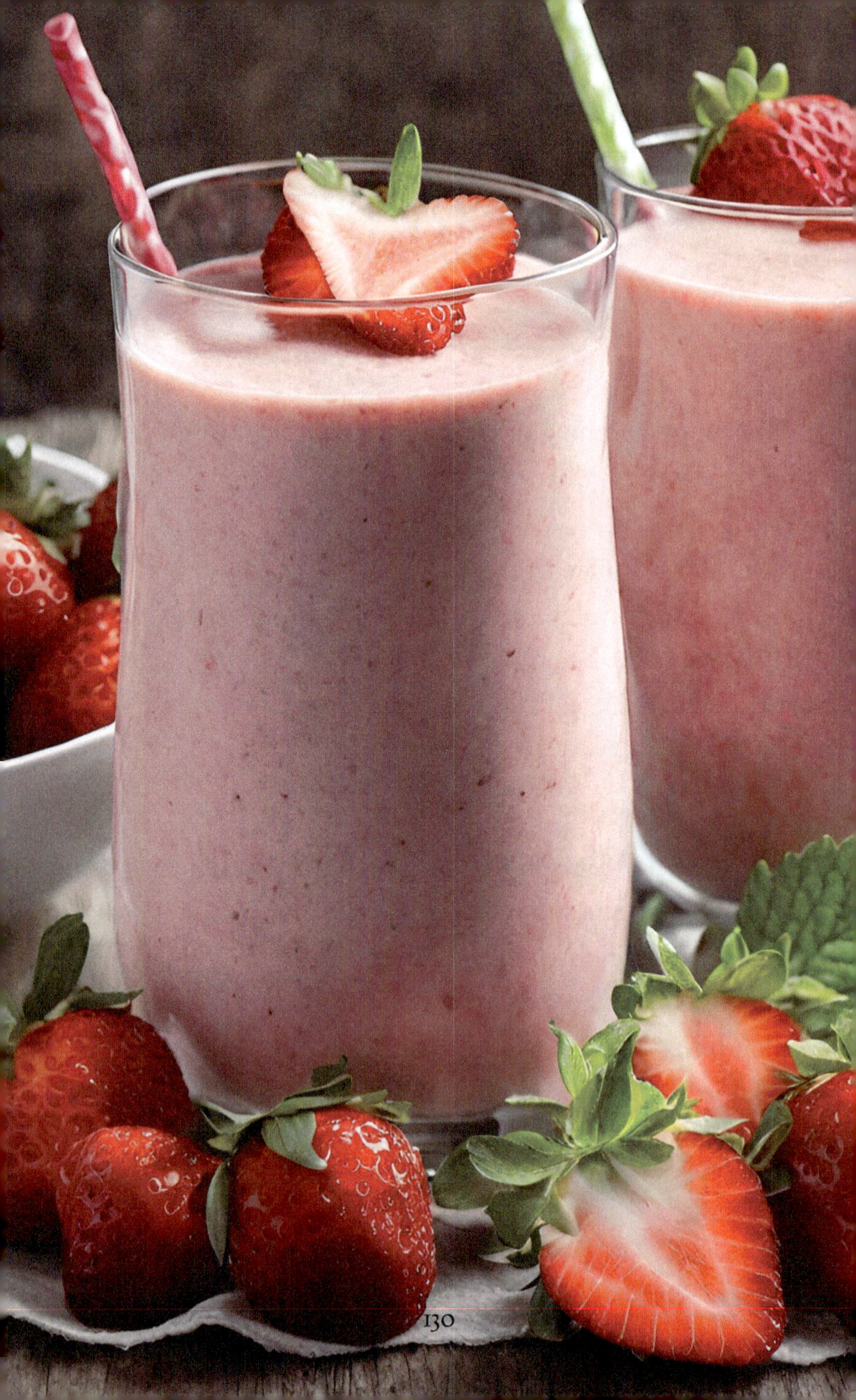

Erdbeer-Joghurt Smoothie

Zutaten

250 g Erdbeeren
250 g fettarmer Joghurt
1 EL Honig
1 TL Zitronensaft
Eiswürfel nach Belieben

Zubereitung

Die Erdbeeren zusammen mit dem Joghurt, Honig, Zitronensaft und Eiswürfeln in einen Mixer geben. Alles pürieren, bis eine cremige Konsistenz erreicht ist.

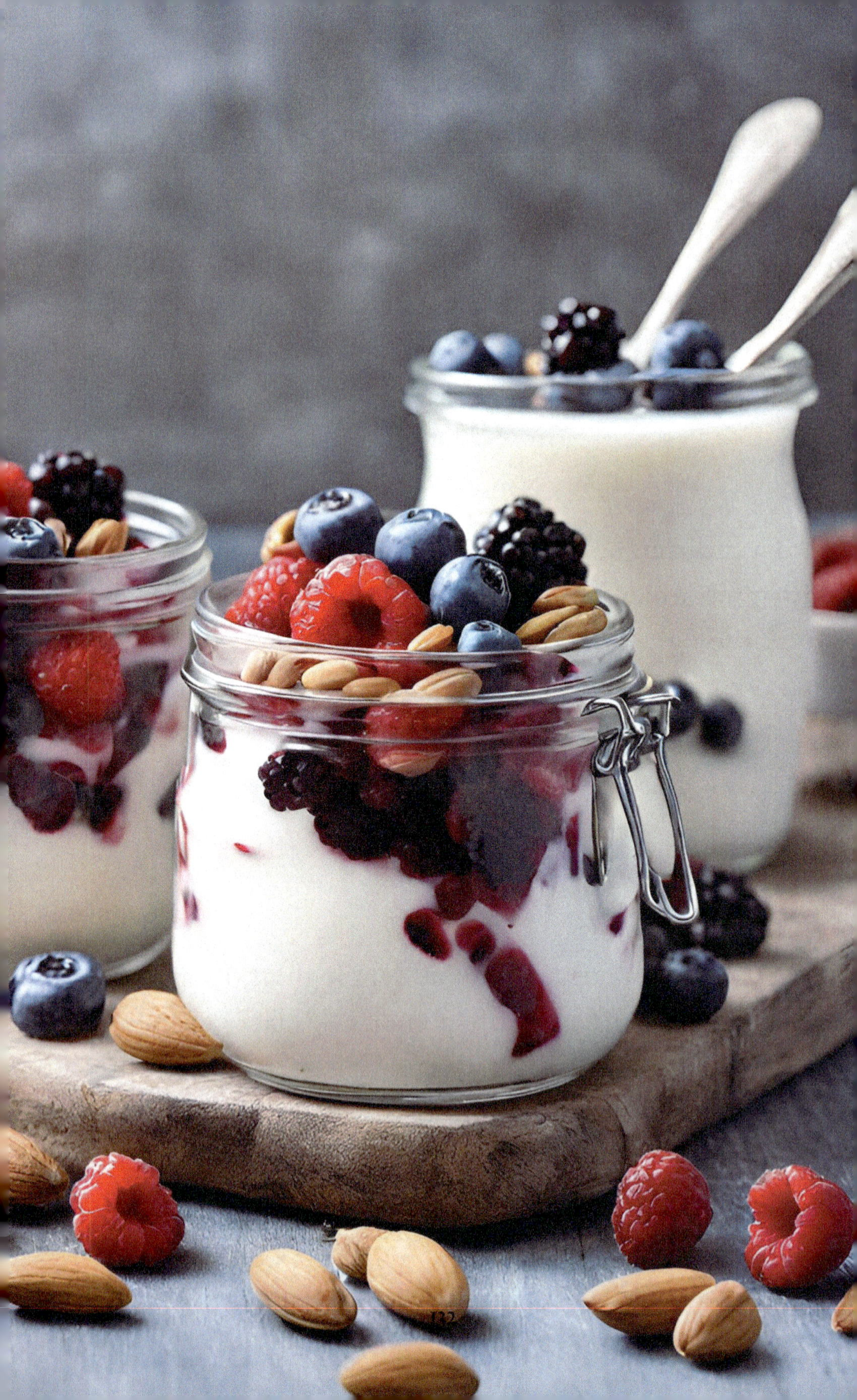

Joghurt mit Nüssen und Beeren

Zutaten

500 g fettarmer Joghurt
50 g gemischte Nüsse (Mandeln, Walnüsse, Macadamianüsse), grob gehackt und geröstet
200 g Beerenmischung (Himbeeren, Blaubeeren, Brombeeren)
2 EL Honig
Frische Minze zum Garnieren

Zubereitung

Den fettarmen Joghurt in 4 Dessertschalen aufteilen.
Die gerösteten Nüsse und Beeren gleichmäßig darüber streuen.
Mit Honig beträufeln und mit frischer Minze garnieren.

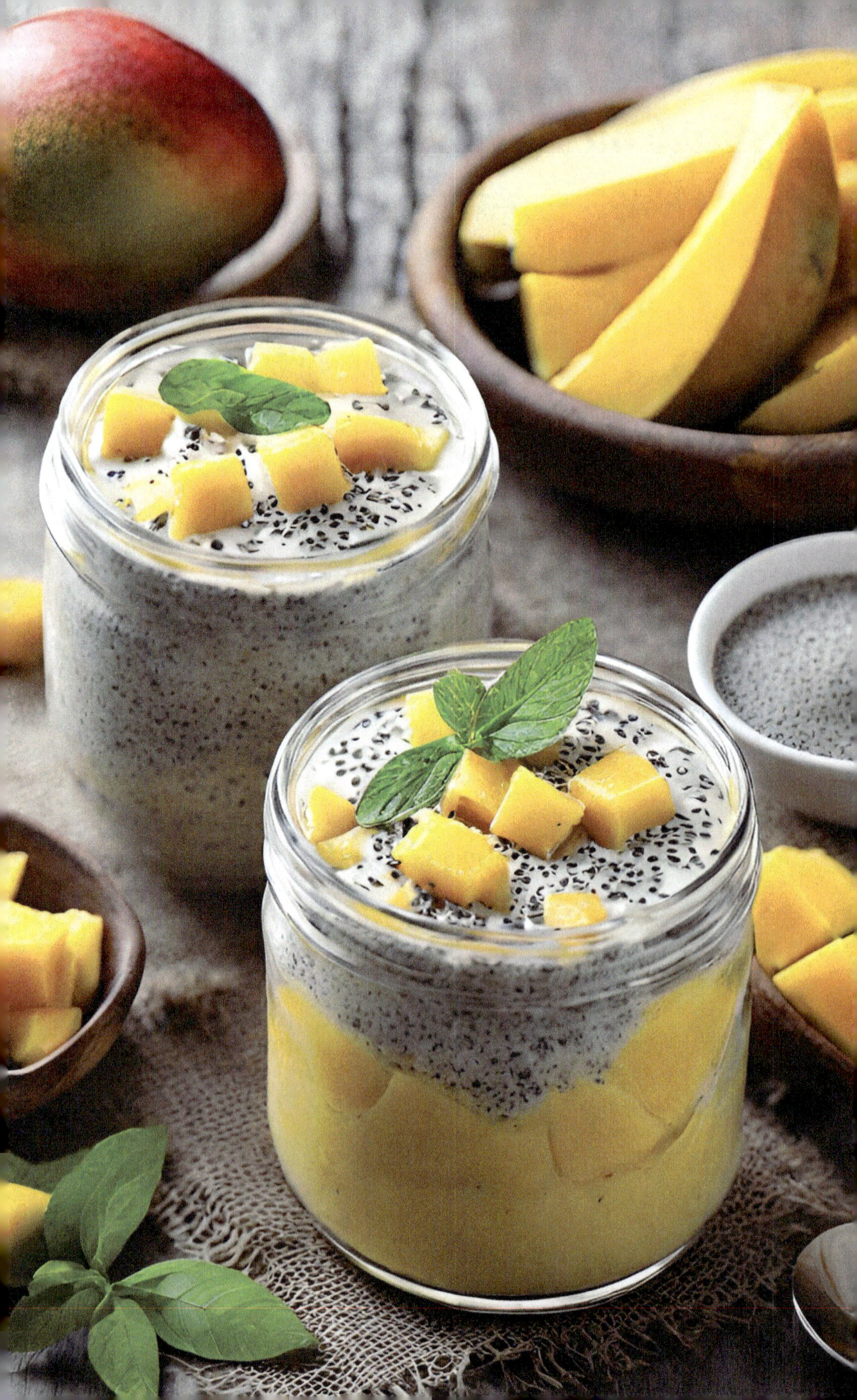

Mango-Chia-Pudding

Zutaten

2 reife Mangos, gewürfelt
1 Tasse ungesüßte Mandelmilch
1/4 Tasse Chiasamen
1 TL Honig
1 TL Vanilleextrakt

Zubereitung

Die Mango-Würfel zusammen mit der Mandelmilch, Chiasamen, Honig und Vanilleextrakt in einen Mixer geben und pürieren, bis eine glatte Masse entsteht.
Den Mango-Chia-Pudding in 4 Gläser oder Schüsseln füllen und mindestens 15 Minuten im Kühlschrank quellen lassen.
Nach Belieben mit frischen Mangoscheiben garnieren.

© 2024 Renner Akademie - Kunst- und Kulturverein zur Förderung
eines gesunden und erfüllten Lebens, ZVR: 1176846390
www.renner-akademie.com
Alle Rechte vorbehalten

Printed in Great Britain
by Amazon